明日の保育・教育にいかす

子ども文化

田中卓也・藤井伊津子・橋爪けい子・小島千恵子【編】

溪水社

はじめに－このテキストを手にとるみなさんへ－

　本書はこれから保育者，教師をめざそうとする大学生，短期大学生，専門学校生を対象として作成された＜子ども文化＞をとりあつかったテキストである。しかしながら書店などで市販されている「子ども文化論」のテキストとは異なり，「子ども文化」について基礎から学習できる「初学者のための入門教科書」として読まれることを期待している。

　子ども文化といっても，それが意味する内容は幅広いものであり，子ども観の変遷，児童文化財，児童文学，わが国の古来から伝わる伝承遊び，さらには絵本，紙芝居，お話（素話）人形劇といったもの，さらにはペープサート，パネルシアター，エプロンシアターといわれる新しく登場してきたものなどさまざまである。

　これらのものに年中行事などを加えたかたちで保育所や幼稚園ではさまざまな児童文化財の活用を通して展開されることになる。大人になった私たちは，幼少の頃を振り返ってみると，仲の良い友人と夢中になったテレビのヒーローのまね（ヒーローごっこ）や，園庭や砂場で一生懸命集中してつくったどろ団子作り，さらに先生と一緒に楽しんだ歌や手遊び，節分の豆まきや七夕の飾り付けなど，さまざまな記憶がみなさんのなかにもきっとよみがえるのではないだろうか。それほどみなさんがこれから行うことになるであろう保育・教育実践は児童文化財とたいへん密接な関係にあるといえるだろう。本書は保育所や幼稚園に勤務する方や子育てにはげんでいる保護者の方，さらには保育・教育実践に興味のある学生を対象に，児童文化財の活用を中心にわかりやすく提示するものである。

　これまで多くの「児童文化」という名前を冠した書籍が発刊されてきている。それらは，児童文化の歴史や，個々の児童文化財の特徴の解説に重きが置かれていることが多く，本来行われなければならない児童文化財を保育実践に生かすための方法や，児童文化財を用いた実際の実践事例などについては，必ずしも十分に扱われてこなかったように思われる。

本書は，子ども文化論を学ぶテキストではなく，保育を実践する場に必要とされる児童文化財の活用の在り方を検討したところに，力を入れたものである。保育実習，幼稚園教育実習などにも大いに活用できるテキストであるところの意味が大きく，これまでに見られなかった実習を含めた実践に直結したテキストの価値がある。

　第一章では，子ども観の変遷と子ども文化の歴史について，児童文化の歴史や現状，児童文化が保育実践に与えた効果などについて述べている。第二章は，児童文化財であり誰もが知っている児童文化財をとりあげ，それぞれの基礎知識や子どもの発達との関係，さらには保育実践への活用方法などをわかりやすく述べている。第三章以降は，児童文化財の代表的なもの，伝承遊び，絵本，紙芝居さらには，お話，人形劇，ペープサート，パネルシアター，エプロンシアターなどをとりあげ，誕生した背景，活用方法，実習などで取り扱う際のポイントをあますところなく伝えている。最後には，幼稚園や保育園を卒園した子どもたちが小学校に入学してから，おこなうことになる"レクリエーション"についてもいろいろ紹介し，誰もが楽しめるものになっている。小学校教諭をめざす学生にとっても，現場で指導できるようにしっかり説明されているところが特徴である。なお，本書は各分野の専門研究者による共同執筆であり，文献表記等については各執筆者の方式に従った。

　かくして本書には，豊かな保育・教育を展開するための児童文化の活用方法に関するエッセンスが多く含まれている。

　さあ，学生のみなさん，さっそく本書を手にとってみてください。そして子どもたちと一緒に，児童文化財を介した豊かな遊びを創り出そうではありませんか。児童文化財を用いて，夢中になって遊び込む子どもたちの姿を想像しようではありませんか。

　最後になりましたが，本書の執筆にあたっては，子ども文化に関心を持った多くの先生方に，本書の趣旨をご理解いただき，お忙しい中ご協力頂きました。心より感謝申し上げます。また，今回貴重な機会を与えて頂き，

はじめに

編集の過程で適切なご助言を頂きました，出版社である溪水社社長の木村逸司様ならびに木村斉子様に，大変ご多忙中であったにもかかわらず，私たち編著者ならびに執筆者の多くの要望について，しっかり応えてくださり，皆が望んでいた形で発刊できることになりました。一方ならぬご支援ご厚意を賜りました。ここに記して衷心より深謝申し上げます。

平成26年11月11日

編者を代表して

田中　卓也

もくじ

第1章　子ども観の形成と児童文化の歴史 … 雲津　英子 …… 3
第2章　児童文化財とその周辺 …………… 田中　卓也 …… 15
第3章　伝承遊び・うた遊び・ごっこ遊び … 橋爪けい子 …… 27
第4章　お　話 ……………………………… 藤井伊津子 …… 41
第5章　絵　本 ……………………………… 桑名　惠子 …… 55
第6章　紙芝居 ……………………………… 溝手　恵里 …… 70
第7章　人形劇 ……………………………… 浅野　泰昌 …… 84
第8章　ペープサート ……………………… 福井　晴子 … 102
第9章　パネルシアター …………………… 秀　真一郎 … 117
第10章　エプロンシアター® ……………… 木本　有香 … 133
第11章　子どもと楽しむ遊び・レクリエーション … 山西　加織 … 149
第12章　児童文化をめぐる諸問題とこれからの展望 … 小島千恵子 … 165

おわりに　児童文化から「子ども文化」へ ………… 小島千恵子 … 176
索　引 ……………………………………………………………… 179

明日の保育・教育にいかす
子ども文化

第1章
子ども観の形成と児童文化の歴史

Chapter 1 （雲津　英子）

　今日，私たちは「個性」という言葉を日常的に使っている。また，「個性」の概念は一般的に認識され，わが国の教育においては，「子どもの個性」や「子どもの主体性」が重視されるようになった。

　では，こうした「子どもの個性」や「子どもの主体性」が重視される子ども観はいつ誕生したのだろうか。

　わが国においては，明治20年代終りには「個性」の概念に類似した個々の「特性」について認識され始め，明治30年代には「個性」という言葉が，文学の世界で使用され，明治期終りには辞書に採用されるまで普及した。こうした「個性」の言葉の誕生は，「個性」を規制する伝統的な子ども観から「個性」を尊重する新しい子ども観への転換の契機になった。そして，その後の「個性」の概念の広がりは，新しい子ども観の定着を実現した。

　また，こうした背景には，当時，世界的に広まっていた「自我」や「個性」を尊重する「個人主義」的な近代思想や子どもの「個性」を重視する「児童中心主義」の思想が大きく影響していた。

　そこで，本章では，わが国の子ども観の形成に大きな影響を与えた思想家や教育者の子ども観を捉えるとともに，その時代の子ども観を根底にして作られてきた児童文化の歴史をみていきたい。

1．西洋の教育思想と子ども観

　わが国では，明治後期から大正期にかけて，「個性」を規制する伝統的

な子ども観から「個性」を尊重する新しい子ども観への転換を迎えた。そこで、まず、わが国の子ども観の転換に大きな影響を与えた西洋の教育思想とその子ども観を紹介したい。

(1) **ルソー**（J. J. Rousseau, 1712～1778）

ルソーは、18世紀にフランスで活躍した。スイスのジュネーブで時計職人の息子として生まれた彼は、出生と同時に母と死別し、10歳で父とも生別した後、祖国を離れ、フランスを放浪する生活を送ったが、16歳頃から独学に努め、その後、『学問芸術論』（1750年）、『人間不平等起源論』（1755年）、『社会契約論』（1762年）、『エミール』（1762年）を書き、文名を馳せた。

ルソー

彼の有名な著書『エミール』は、少年エミールについての教育小説であり、彼の教育思想がよくあらわれている。

彼は、子どもは小さな大人ではなく、子どもには子ども固有の世界があると考えた。そして、教育においては、親や教師が子どもに教え込むのではなく、子どもの自発的活動を尊重し、子どもの「自由」や「自立」を促す「消極教育」の重要性を主張した。親や教師が積極的に教え込むのではなく、子どもがいろいろな経験をつむための環境を整備してやればよいと考えたのである。

このような「子どもの主体性」を尊重した彼の考え方は、17世紀までの子どもの人権が認められていなかった時代からの大きな転換の契機となった。つまり、「子どもの個性」や「子どもの主体性」が重視される子ども観への転換の契機となったのである。このことから、彼は「子どもの発見」をなしたとして後世に名を残している。

(2) **フレーベル**（F. Fröbel, 1782～1852）

フレーベルは、ドイツの教育者である。彼は、牧師の家に生まれた。

イエナ大学で学んだ後，山林局などの書記を経て，その後，建築家をめざし，フランクフルト・アム・マインに至った。そして，23歳の時，ペスタロッチの学徒であるグルーナー校長のすすめにより，模範学校の教師となったことから，教育の世界で活躍することになった。彼は，ペスタロッチの思想に啓発され，ペスタロッチの指導を受けるなかで，独自の教育思想を作り出したのである。

フレーベル

フレーベルが考案した恩物（筆者撮影）

　彼は，子どもの内部から生まれる興味や要求によって引きおこされる「自己活動」を重視し，この「自己活動」を促進するための遊び道具として「恩物」を考案した。

　そして，1840年，彼は世界で初めての幼児教育施設としてブランケンブルグに幼稚園（Kindergarten）を創設した。

　こうした彼の教育思想は，わが国にも大きな影響を与えた。1876（明治9）年，わが国で最初につくられた幼稚園である東京女子師範学校附属幼稚園（現お茶の水女子大学附属幼稚園）でドイツ人松野クララによりはじめ

てフレーベルの幼稚園を模範とした幼稚園教育が行われたのである。

(3) **エレン・ケイ**（Ellen Key, 1849〜1926）

エレン・ケイは，スウェーデンの女性思想家，教育者である。彼女は，著書『児童の世紀』(1900年)において，20世紀を「児童の世紀」とし，子どもの自然的な成長や子どもの「個性」を尊重する立場に立つ「児童中心主義」の教育論を展開した。『児童の世紀』は，日本でも1906（明治39）年に大村仁太郎がドイツ語版から翻訳し，1916年（明治49）年には原田実が英語版から翻訳するなど，大正期における「児童中心主義」への教育改革に大きな影響を与えた。

エレン・ケイ

(4) **モンテッソーリ**（M. Montessori, 1870〜1952）

モンテッソーリは，イタリアの女性医学者，教育学者である。彼女は，ローマ大学を卒業後，知的障害児の治療教育に携わり，その教育方法は障害をもつ子どもだけではなく，一般の教育にも適用できるものであると確信した。こうした治療教育の実験と研究から彼女によって考案された教育方法をモンテッソーリ教育法と呼んでいる。

モンテッソーリ

モンテッソーリ教育では，子どもは，それぞれの「個性」や自発性が尊重されるべき存在であり，子どもそれぞれが特有の感覚，あるいは，特有の活動に精神を集中する「敏感期」があると考えられた。そして，こうした「敏感期」を育むためには，子どもたちが自由に遊び，作業できる整えられた環境，それを援助する教師，科学的に構成された教具が重要であるとした。

モンテッソーリ教育における教具は，形，大きさ，重さ，材質などにこだわり，子どもたちの五感を刺激するように配慮された。また，こうした

教具を通し，質量や数量の感覚を育んだり，言語能力や芸術に関する表現力などを育むように考案されたのである。こうして，彼女は幼児のための独自の教育方法を確立した。

2．わが国の子ども観

　近世以前のわが国においては，「子どもは金銀財宝にも勝る宝」であるとする子宝思想がある一方で，子どもは小さな「大人」として捉えられ，大人に「服従」すべきであり，「所有物」として捉えられた子ども観だった。

　明治期に入ると，西洋からさまざまな技術や制度とともに導入した個人主義的な近代思想がわが国に影響を与えた。それは，「自我」や「個性」を尊重し，「自由」に「自分らしく生きる」ことを重視する思想であった。この思想の普及により，日本社会の封建的風土はしだいに崩れていくことになったのである。

　一方，明治10年代に広がった自由民権運動は，反政府的なものであったため，明治政府はこれを抑圧するため，その手段として旧武士層（上級・中級武士）のものであった儒教道徳を近代的家族制度の道徳として部分的に取り入れ，親の「権威」を強調しようとした。儒教道徳の基礎である「孝」は，すなわち，親に対する子どもの「服従」の義務を意味し，また，これは天皇に対する「服従」を意味することにつながっていたのである。

　こうした近代的家族制度のもとでは，「家」における権威的な家族秩序や家族道徳が存在していた。この家族秩序や家族道徳は，家族関係において「権威」をもち，「個の尊厳」や「個の自由」を規制していたと考えられる。近代家族制度下では，子どもは天皇や親に「服従」すべきであり「所有物」として捉えられた子ども観だったのである。

　1877（明治10）年以前のものと推定される『小学生徒の心得』第一章には，「学問は智識を磨き世間の用をなし己の光栄を来たし父母の名をも顕はすものなれば勉め励みて怠ること勿れ[1]」という項目がある。つまり，学問に勉め励むことはもちろん己のためでもあったが，父母の名に恥じない

めでもあった。

　また，1880（明治13）年に刊行された『小学修身訓』（下）には，たとえ親に過ちがあるとしても，子どもは親に逆らうべきではなく，その命令に背くことは許されないという教えが示され，子どもが親の意見や考え方にはどのような状況においても従うように教育されていたことがわかる。

　1904（明治37）年度以降に使用された第一期国定修身教科書『尋常小学修身書（教師用）』の「説話要領」には，たとえ子どもがどんな状況に置かれていても父母に口ごたえせず，父母の命令，教えには従うことが大切であると強調している。つまり，親の絶対的な「権威」のもとでは，無力な存在であった子どもの姿がうかがえる。

　1923（大正12）年度以降に使用された第三期国定修身教科書『尋常小学修身書（教師用）』の「説話要領」からは，近代日本の社会組織の基礎を「家」としていることがわかる。各個人は「家」を組織する一分子であるとし，「個」としての存在は認められていない。つまり，子どもに「家」という「団体」の中の一人であるという認識をもたせようとしていると考えられる。

　1939（昭和14）年度以降に使用された第四期国定修身教科書『尋常小学修身書（児童用）』巻六の「第五 祖先と家」には，当時の子どもたちが「祖先の志」「祖先の遺風」をあらわす「名誉」な存在として生きていかなければいけなかったことが記されている。つまり，子どもは，自分らしい生き方について考える余地はあたえられていなかった。

　このように，明治初期から昭和初期に至るまで，一貫して，子どもは親の「権威」への絶対服従の義務を負うべき存在として捉えられていた。そこには，子どもの「個」の尊重，「自由」に生きようとする権利は認められていなかった。そして，そのような道徳観を学校教育において教え込んでいたのである。

　近代日本においては，このような「家」の一部としての子ども観を基調としつつ，西洋の「児童中心主義」の思想に影響を受けた大正自由主義者たちの子どもを「個」として捉える子ども観が最上部にあり，あわせて二層構造になっていた。

第 1 章 子ども観の形成と児童文化の歴史

　大正自由主義者たちの考える「個」としての存在を認める子ども観は，先に述べた国家主義的，画一的教育にみられる「個性」を規制する伝統的な子ども観に対し，子どもの「自由」や「個性」を尊重しようとする新しい考え方であり，わが国においてもさまざまな教育実践が行われていった。例えば，澤柳政太郎の成城小学校，野口援太郎が中心となった池袋児童の村小学校，羽仁もと子の自由学園などがある。

　澤柳政太郎（1865～1927）は，1917（大正6）年に成城小学校を創設し，「個性尊重の教育」，「自然と親しむ教育」，「心情の教育」，「科学的研究を基礎とする教育」をスローガンに独自の教育を行った。また，1920年，アメリカのマサチューセッツ州のドルトンという町にある学校においてヘレン・パーカースト（1887～1973）が実践した「ドルトン・プラン」という教育指導法の導入を行った。これは，従来の一斉教授方式を廃止して，国語，数学，理科，

澤柳政太郎
（画像提供：成城学園研究所）

歴史などの教科は個別的な自主学習を行う個別化とともに，音楽，美術などは一斉教授が行われるといった協同も教育の重要な原理として捉えた教育指導法であった。

　野口援太郎（1868～1941）は，「教育の世紀社」を結成し，これを母体として1924（大正13）年に池袋児童の村小学校を創設した。池袋児童の村小学校では，徹底した児童中心の自由教育が行われ，大正自由教育の代表的な実践の一つである。さらに，彼は，子どもの教育について，親が子どもの将来を思って大人しく静粛にさせ，親に「服従」させることは，子どもの活動を制御することにつながるとしてい

野口援太郎
（画像提供：北九州市）

る。彼は，子どもの時には，できるだけ子どもの「自由」を尊重し，十分にのびのびと伸ばしてやることが大切であると考えた。

　また，わが国初の女性記者であった羽仁もと子（1873～1957）は，1921（大

羽仁もと子（右），羽仁吉一（左）
（画像：自由学園資料室所蔵）

正10）年，夫・羽仁吉一とともに自由学園を創設した。彼女は，キリスト教の精神に基づき，「思想しつつ生活しつつ祈りつつ」を教育理念に「自労自治」の教育を行った。さらに，彼女は，子どもが自分で何かを見つけ，発見し，そこから学びとることのできる環境を重視した。また，親と子どもは独立した「個」として捉えており，子どもの「個」の尊重を主張した。

　同じ頃，世界では，第一次・第二次世界大戦以降，ジュネーブ宣言（1924年），世界人権宣言（1948年），児童権利宣言（1959年），子どもの権利条約（1989年）の採択など平和や平等という意識が強くなり，「人権」への関心が高まっていった。

　本節では，今日につながる「子どもの個性」や「子どもの主体性」が重視される子ども観がいったいどのように誕生したのか，その歴史を捉えてきた。歴史を振り返ると，子どもを小さな「大人」とし，大人に「服従」すべき「所有物」として捉えられた子ども観から，子どもの「自由」や「個性」を尊重しようとする子ども観への転換には，西洋から取り入れた子どもの「個性」を重視する「児童中心主義」の教育思想，あるいは「自我」や「個性」を尊重する「個人主義」的な近代思想が大きく影響していたといえるだろう。

　私たちが，これからの未来を生きる子どもたちの教育を考えるとき，こうした子ども観の形成過程を捉えておくことは大切なことである。

3．わが国の児童文化

　ここでは，子ども観を根底にしてつくられてきた児童文化の歴史をみていきたい。

第1章 子ども観の形成と児童文化の歴史

　児童文化とは，子どもの生活，子どもの成長に影響を及ぼし重要な役割をはたすものを指している。具体的には，①遊びなどを中心とする子どもの生活様式，②子どものためにつくられた文学，音楽，美術，演劇，遊具，玩具などの児童文化財，③子ども自身がつくりだした作文，図画工作，遊びなどである。

　歴史をさかのぼると，児童文化とみなされるものとして，古くは，室町時代から江戸初期にかけて御伽草子や，江戸時代には草双紙やおもちゃ絵などの文化，そして竹馬遊び，あやとり，いろはかるた，すごろく，かくれんぼなどの遊びが存在していた。そして，明治期に入ると，日本製の竹とんぼや千代紙などが海外に輸出され，海外からブリキ製の玩具が輸入されるようになった。また，1879（明治12）年には鉛めんこが登場し，1898（明治31）年には紙製のめんこが売られるようになったが，この時代にはまだ児童文化という言葉は誕生していなかった。

　児童文化は，大正期に誕生した言葉であり，その概念はわが国独自の概念である。児童文化という言葉は，池袋児童の村小学校において子どもの自由な綴方を中心にした教育実践，いわゆる生活綴方教育を行った峰地光重が1922（大正11）年に書いた著書『文化中心綴方教授法』の中で使われており，一般的に使われるようになったのは，1920年代後半から1930年代と考えられる。

　児童文化という概念が広がりつつあった同じ時期，1920年代から1930年代にかけて，大正自由教育運動の立場に立った人々により児童文化運動が展開されていた。この運動には，児童文学運動，生活綴方運動，児童自由画運動などがあった。

　まず，児童文化運動の先駆けとして，1918（大正7）年に鈴木三重吉によって創刊された児童文芸雑誌『赤い鳥』の児童文学運動がある。それまでの教訓的な内容をあつかったおとぎ噺や文部省の唱歌などは避け，子どもの生活，子どもの世界を大切にした内容で，さらに芸術性豊かな作品の創造を

『赤い鳥』創刊号表紙

めざしていた。『赤い鳥』には，芥川龍之介，北原白秋，有島武郎，泉鏡花，高浜虚子，島崎藤村，新美南吉，菊池寛などの日本を代表する作家が作品を掲載した。『赤い鳥』に掲載された有名な作品として，芥川龍之介の『蜘蛛の糸』，『杜子春』，新美南吉の『ごんぎつね』などがある。これらの作品は，今日，学校の国語科教育で取り上げられる教材としても有名であり，みなさんも一度は読んだことのある作品ではないだろうか。

生活綴方運動は，子どもが自身の生活をありのままに綴ることを通して子どもの思考を自由にし，認識力や批判力を育てようとする教育改革運動であり，芦田恵之助などによって唱えられた。

児童自由画運動は，1921（大正10）年頃に山本鼎によって提唱された子どものための自由画運動である。それまで行われていた教科書の絵を模写する臨画教育ではなく，子どもの自由な発想を大切にした自由画教育を推進する運動であった。

このような「子どもの個性」や「子どもの主体性」を重視した「児童中心主義」の考えに基づく大正自由教育，あるいは児童文化運動は，児童文化の発展に大きな影響を与えた。

一方，この頃には，子どもの玩具・教具などの児童文化財が企業によって生産されるようになり，昭和初期には大量生産が可能になっていた。その後，時代は戦争へとすすみ，第二次世界大戦中には，戦争ごっこや兵隊さんごっこなどの戦争用語を用いた遊びが多くみられるようになったことは，この時期の特徴的な児童文化であったといえる。

表1　第二次世界大戦中の子どもの遊び

男　児	女　児
・戦争ごっこ	・ままごと
・砂場遊び	・看護婦さんごっこ
・兵隊さんごっこ	・砂場遊び
・陣取り	・人形遊び
・鬼ごっこ	・鬼ごっこ
・防空演習ごっこ	・防空演習ごっこ
・出征兵士送りごっこ	・バケツリレー遊び

第1章　子ども観の形成と児童文化の歴史

　第二次世界大戦は，わが国の経済にも大きな打撃を与え，児童文化の整備が困難な状況となったが，1955（昭和30）年頃から保育所や幼稚園においても子どもの遊具などが十分そろうようになった。1956（昭和31）年に制定された幼稚園設置基準では，幼稚園に机，腰掛，黒板，滑り台，ぶらんこ，砂遊び場，積木，玩具，紙芝居用具，絵本その他の図書，ピアノ又はオルガン，簡易楽器，蓄音機及びレコード，保健衛生用具，飼育栽培用具，絵画制作用具などの園具や教具が備えられなければならないと規定され，多くの児童文化財が幼稚園や保育所に設置されることになった。さらに，昭和40年代に入ると，経済の発展に伴い，就学率も高まり，多様な素材の玩具などもみられるようになった。

　その後，1995（平成7）年，1学級の幼児数の基準の引下げや園具・教具の規定の大綱化等を内容とする幼稚園設置基準の一部改正に伴い，各園の創意工夫によって保育環境を整備することが求められるようになり，現在では，子どもたちは豊かな教材や児童文化財に囲まれて生活するようになった。

表2　現在使用されている主な園具・教具

身体を動かして遊ぶための園具・遊具	ぶらんこ，滑り台，ジャングルジム，鉄棒，登り棒，太鼓橋，平均台，跳び箱，マット類，ボール類，フープ類，三輪車，なわ，など。
自然に親しんで遊ぶための園具・遊具	花壇，野菜園等，栽培に使う用具，飼育小屋，砂場，土山，など。
表現を楽しんで遊ぶための園具・遊具	ままごと用具類，人形，ぬいぐるみ，指人形，積木，ブロック類，粘土類，製作・描画に使う用具類，ピアノ，電子オルガン，太鼓，鈴，カスタネット，など。
情報にふれて遊ぶための園具・遊具	絵本（赤ちゃん絵本／創作・物語絵本／昔話・民話絵本／知識絵本／言葉の絵本／写真絵本／文字のない絵本／しかけ絵本／バリアフリー絵本），図鑑，紙芝居，OHP，ビデオカメラ，カメラ，黒板，ホワイトボード，掲示板，など。
園生活を送るために必要な園具・遊具	机，椅子，など。

今日，幼稚園教育要領・保育所保育指針にも示されているように，子どもの成長・発達において保育者による環境構成が重要な役割をもっている。私たちは，子どもたちの生活や遊びを支える児童文化財についてもう一度考え，子どもたちの成長・発達にふさわしい環境と豊かな体験を子どもたちに提供していくことが必要だろう。

引用文献
1）海後宗臣・仲新編「日本教科書大系 近代編 第一巻 修身（一）」，講談社，1961，591頁。

参考文献
海後宗臣・仲新編「日本教科書大系 近代編 第二巻 修身（二）」，講談社，1962。
海後宗臣・仲新編「日本教科書大系 近代編 第三巻 修身（三）」，講談社，1962。
仲新・稲垣忠彦・佐藤秀夫編「近代日本教科書教授法資料集成 第五巻 教師用書Ⅰ修身篇」，東京書籍，1983。
野口援太郎「家庭教育雑話（二）」『教育の世紀』，大正14年3月号62頁，教育の世紀社，復刻：民間教育史料研究会編，第6巻，一光社，1984。
羽仁もと子「生活即教育」，婦人之友社，1997。

画像出典
ルソー　Musée Antoine Lécuyer, Saint-Quentin, http://www.museeantoinelecuyer.fr/
フレーベル　Library of Congress, Prints & Photographs Division, LC-DIG-pga-00127
エレン・ケイ　Ellen Keys Strand Foundation archive, Ödeshög Sweden, http:www.ellenkey.se.
モンテッソーリ　Archives of the Association Montessori Internationale, Amsterdam, http://ami-global.org/ami
フレーベル考案の恩物，『赤い鳥』表紙　筆者撮影
澤柳政太郎　成城学園研究所
野口援太郎　北九州市立長崎街道木屋瀬宿記念館
羽仁もと子　自由学園資料室

第2章
児童文化財とその周辺

（田中　卓也）

1．「児童文化財」とはなにか？

　児童文化財とは，子どもの成長を支える文化財で，広い意味においては，子どもを中心としたすべてのコト・モノをさすことが多い。また狭い意味においては，おもに子どものため準備する文化財をさすことが多い。具体的には，玩具（おもちゃ），遊具，絵本，児童文学，お話，紙芝居，指人形，影絵，パネルシアター，エプロンシアター，ペープサート，さらにはテレビ，音楽，歌などが代表的である。しかしながら最近では，コンピュータゲームやマンガなどもふくまれることになってきている。

　児童文化財を保育・教育現場をはじめ，さまざまなところで活用されていることはいうまでもない。児童文化財を活用するなかで，子どもたちのよりよい育ちにおいて，どのように取り扱い，またどのような効果を求めるのかについてはつねに考えなくてはならない。

　なお，このテキストでは，児童文化財について，お話，絵本，紙芝居，ペープサート，パネルシアター，エプロンシアターなどを各章ごとにわかりやすく説明しているので，詳細については，各章にゆずることにしたい。

2．知っておきたい児童文化施設とは？

　子どもは児童文化財を与えることにより，さまざまな文化活動を経験することになる。かくして子どもの生活を豊かにすることで，児童文化の向

上をはかることを目的として，設立された施設を「**児童文化施設**」という。

児童文化施設には，児童館や児童遊園，児童公園，子どもの国，子ども美術館，児童劇場，児童文化センター，児童図書館，児童図書室，子ども文庫などさまざまなものがある。また広い意味では，博物館や体育館，プール，公民館，動物園，映画館などももともと児童文化施設としてつくられてはいないが，含まれることもある。

1994（平成6）年にわが国では「**子どもの権利条約**」を批准することになった。同条約31条には，「休息，余暇，遊び，文化的芸術的生活への参加」について記述されており，子どもの自由な文化的芸術的生活をもとめていることから，児童文化施設とその活動について期待が高まってきている。子どもの育ちによい関わりでなければならない。

(1) **児童館とはどんな場所なのか？**

児童館は，児童福祉法にもとづいた児童厚生施設であるといわれている。目的には，「児童に健全な遊びを与えて，その健康を増進し，または情操を豊かにすること」となっており，地域における遊び，レクリエーションをおこなう　文化活動の中心になるところである。

機能については，子どもたちの遊びの場所のほか，留守家庭児童のための学童保育として，各種クラブ活動として活用されることが多い。また小学生が登校しない午前中の時間帯を利用して，幼児を待つ母親のために「母親クラブ」の活動などにも使用されている。

児童館の規模・機能は，「大型」・「中型」・「小型」の3種類に分類されている。小型・中型のそれは，上記の活動が行われ，大型のそれでは，

センター的な機能を有している。

わが国においては、大型児童館の代表的なものとして、1985（昭和60）年に東京渋谷に「こどもの城」が設立され、国内のほか諸外国からも注目されている。

＜「こどもの城」＞

こどもの城は、1979（昭和54）年の「国際児童年」を記念して、厚生省（現在の厚生労働省）が児童福祉法にもとづいて設立された、わが国唯一の国立総合児童センターとして翌年開館することになった。こどもの城は次の4点の機能を有するものであった。

こどもの城　外観

1）わが国唯一の国立総合児童センターとしての児童館

全国に4,318も存在する児童館のセンター児童館に位置づくものであり、時代とともに変化していくわが国の子育てや子どもの遊びの環境がよりいいものに変化していくことを願い、これまでにさまざまな事業を展開した。

またさまざまな遊び、プログラムの開発および発信基地として、全国の児童館に発信したり、児童館職員をはじめとした専門職やボランティアの方々に研修会などを開催し、人材育成にも力を注いだものの、2015年3月末をもって閉館することになった。

2）遊びを通じた子どもの健全育成

子どもにとって「遊び」は欠かせない活動のひとつである。こどもの城には年間約40万人もの親子が来場し、音楽や造形、映像科学、体育実践などが実施されている。子どもの遊びたいという願望を叶えさせるために、「楽しく豊かな遊び環境」づくりを目指している。

3）「子育て支援」をもっと楽しいものに

子育て環境や人々の価値観が多様化するなかで、子育てに悩み・不安を持つ保護者の方々も増えてきていることをかんがみ、こどもの城では、少

人数会員制のグループ保育や，保護者向けの講演会，子育て広場の実態，子どもの心や身体の健康についての相談なども行われ，子育て中の保護者に直接的な支援も行っている。

4）本物の体験を通じて，よりよい文化芸術の発信

こどもの城の施設内にある２つの劇場を中心に文化芸術活動を展開している。ひとつは子ども福祉や文化の向上をめざすもの，もう一つは子どもらを芸術活動に直接参加させるものであり，「子どもたちの文化芸術の拠点」として機能している。

かくして27年あまり続いているこどもの城は，施設の老朽化や子どもをめぐる社会状況のめまぐるしい変化に対応できないなどを理由に，2015（平成27）年３月末をもって閉館となることが厚生労働省の報道・発表により，すでに決まっている。

しかしながら，こどもの城がなくなるとはいえ，今後も児童健全育成事業の理念や技術については，全国に広めていかなければならない。

＜東京おもちゃ美術館＞

「世界のおもちゃと友達になろう」をスローガンとして，1984（昭和59）年に東京中野に設立された**東京おもちゃ美術館**は"見る・創る・かりて遊ぶ"を３つの機能としてもつ美術館として開館した。所蔵する数万点のおもちゃを紹介しているだけでなく，NPO法人日本おもちゃ協会が運営するミュージアムとして，「おもちゃ学芸員」が支援しながら，未来を担う子どもらに健全な「おもちゃ遊び」の場所を提供している。

おもちゃ美術館では，①遊びを通じて"ものづくり"の喜びを子どもたちに伝える役割と②やりたいことを探す青少年（中学校・高等学校とインターシップ協定とを締結）の手助けをする

役割（手工芸や創作の技能を指導したり，人とのかかわりのなかで，人間力を磨く）③さらに大人たちが，もっと楽しく子どもと遊べる手伝いをする役割（子どもたと楽しむ知識，演出力などを専門家の指導により身につける）④シニアが子どもたちのために活躍できるチャンスを提供する役割（「手作りおもちゃマイスター」，「おもちゃドクター」などのシニアボランティアの育成）などに力を入れている。

＜ジブリ美術館＞
　"ジブリ美術館"の名で有名な「**三鷹の森ジブリ美術館**」（三鷹市立アニメーション美術館）は，東京都三鷹市にある「井の頭恩賜公園」内に2001（平成13）年に開館した。映画界の巨匠である宮崎駿監督の手による，「風の谷のナウシカ」をはじめとして，「となりのトトロ」，「魔女の宅急便」，「紅の豚」，「もののけ姫」，「千と千尋の神隠し」，「風立ちぬ」などに至るまで，これらのアニメーション映画を制作した"スタジオジブリ"の作品の世界

を来場した人々が実体験できる美術館といわれている。
　アニメーションの仕組みや制作過程のわかる展示室や，図書閲覧室のほか，オリジナル短編アニメーションの上映なども行っている。次世代をになう子どもたちのために建てられたこの美術館には，世界各国から多くの入場者が連日訪れている。

(2) **児童図書館・子ども文庫**
子どもの読書への意欲を高めたり，サービスとして設置されているものに，**児童図書館**や**子ども文庫**などが存在する。児童図書館のほかに，地方公共団体にみられる公共の図書館，学校の図書室などもそれにあたる。

児童図書館は，子どもと本を結びつける恰好な場所である。また多くの本を所蔵し，提供してくれる場所でもある。幼児から中学生ぐらいまでの子どもたちを対象としており，すべての子どもたちに本の貸借だけでなく，絵本の読み聞かせや語り，人間劇や紙芝居などのサービスが行われている。週に1,2回程度定期的に地域をバスなどで循環する「移動図書館」などもある。

　子ども文庫は読者運動のなかで，わが国独特の市民活動としてうまれたものである。それらは民間もしくはグループが自由に設置するなかで運営されるものである。個人の自宅の一部を間借りしておこなわれるものや，地域の集会所や公民館の一室など開くものなどさまざまなものがある。子ども文庫は，本の貸借を筆頭に読みきかせや語り，紙芝居はもちろんのこと，手作り遊び，ハイキング，キャンプといった身体を動かすイベントなどと結びつけておこなわれることがある。

(3) **児童遊園**

　児童遊園は，児童福祉法による児童厚生施設の一つであり，全国各地にみられる児童公園の不足をおぎなうものとして，幼児から小学校高学年くらいの子どもたちを対象とした遊び場のことをいう。児童遊園のなかには，広場やブランコ，すべり台，砂場を設けることが「児童福祉施設最低基準」

第2章　児童文化財とその周辺

に定められている。

　児童公園は，都市公園法にもとづく，都市公園のひとつである。わが国の公園は，諸外国のそれと比較しても面積はかなり小さいといえる。また画一的であり，低年齢の幼児を意識したものに近く，数々の問題がみられている。

＜テーマパーク＞

　テーマパークとは，ある主題に基づいて，その中でショーや乗り物，展示物などはふくまれたレジャー施設のことをさし，遊園地とは異なるものである。現在では東京ディズニーリゾート（東京ディズニーランド・東京ディズニーシー），ユニバーサル・スタジオ・ジャパン（USJ）の二大テーマパークは活性化しているものの，全国各地にみられるテーマパークは苦戦を強いられている。テーマパークの閉鎖の理由には，1990年代のころのバブル崩壊をきっかけに少子化問題の影響などがあげられる。

【家族・友人の絆を深めるテーマパーク】

　近年，東京ディズニーリゾートやユニバーサル・スタジオ・ジャパン（USJ）などに出掛ける人が増えている。さまざまなアトラクションをはじめとする大型施設，飲食・おみやげショップなど取り上げればきりがない。また多くの集客をするためには，テーマパークに勤務する従業員のエチケット・マナー，おもてなしの心も万全であるといわれている。テーマパークで「思いっきり，楽しんでもらう」ことだけでなく，「また来たい」と思わせるようなそんな配慮が行き届いていることは，すでに周知のことであろう。このことについては，これまでに「東京ディズニーランド」のキャスト（スタッフ）を取り上げた多くの新書，研究書などで紹介されている。

　またテーマパークには，人とのつながりをより強くするそのような効果がある。テーマパークで遊ぶと家族や友人なの絆を深めるという調査や研究もある。とりわけ子どもたちや恋愛関係にある恋人同士では，テーマパークは非日常を体験できる夢の国であり，明日

への希望や夢のたくさんつまった宝箱のようなところのように映っているのであろう。昨今では，核家族化がさらに進行し，両親が共働きでゆっくり子どもたちとコミュニケーションを図る機会が少なくなってきていることが社会問題としてとりあげられるようになってきている。家族ででかけ，子どもたちと喜びや楽しみなどの経験を共有することで，日々の仕事で多忙にしている両親も日頃の仕事の疲れを忘れることができ，改めて家族のつながりをより一層深めることになるのである。「テーマパークに出かけるのは疲れるし，めんどくさい」，といった消極的な気持ちから，絆を深める気持ちへと変えることのできる，そんなマジックに魅了されるテーマパークにぜひ行ってみることをおすすめしたい。

3．児童文化活動のおもな取り組みとは？

　児童文化活動では，映画の巡回上演指導，優良児童福祉文化財の表彰など，子どもの文化の向上をはかるための事業をさす。また子ども会や青少年団活動などについてもこれに該当する。子ども会や小学校，児童館という場所などにおいて，子どもたちとのふれあいや，人形劇，紙芝居，パネルシアターなどの児童文化財の研究，製作・公園活動などを通じて地域活動を推進している。

　児童文化活動に力を入れているものには，財団法人「児童健全育成推進財団」の活動や各大学（国立・私立大学など）にみられる「児童文化研究会」組織・サークルなどがこれに当たり，積極的な活動にとりくんでいる。

4．児童文化組織とはどのようなもの？

　児童文化活動の多くは，個人的なものを除き，組織された活動形態を採用しているといわれる。この組織を**児童文化組織**とよんでいる。この児童文化組織は運営や活動方法によって異なり，多様化してきている。近隣社会を中心としたものには，子ども会，町会，少年野球チーム，サッカーチーム，ボーイスカウト，ガールスカウト，スポーツ少年団などがある。また児童館や公民館などで組織されたものに各種のクラブ活動が存在する。ここでは代表的な「子ども会」・「少年団」を紹介しておきたい。

(1)　「子ども会」

　「子ども会」は子どもたちに娯楽を与える学習，社会奉仕などに力点を置いたものが多く存在する。地域を基盤にしていることからその源流は，「村落共同体」のなかにみられた「子ども組」であるといわれる。地域の子どもたちはそこでの自治的活動を通し，神事や労働について年長者から学び，また年長者の指導により，村落共同体の生活に参加しながら，社会的自立を，めざすことになる。残念ながら現在では，核家族の増大と，個人主義の確立により，伝統的な組織集団が崩壊し，衰退してきている。

(2)　「少年団」（・「少女団」）

　その子ども会と同じ傾向である「**少年団**」は，1907（明治40）年にイギリスのベーテンパウエルによって創始されたといわれる。わが国では，1913（大正2）年の「東京少年団」，1914（大正3）年の「少年義勇軍」，1918年（大正7）の「弥栄ボーイスカウト」などが少年団の発祥ともいえよう。昭和戦前期になると，多くの少年団が「大日本青少年団」に組み込まれ，一元化された。戦後は同団体は解散するに

いたり，ボーイスカウト日本連盟，ガールスカウト日本連盟，日本スポーツ少年団，日本海洋少年団連盟，青少年赤十字団などが存在し，現在も活動を続けている。これらの団体は，明確な目的，綱領，規約をもっており，地域に存在する「子ども会」とは性格を異にするものである。

5．「児童文化運動」のはじまりはいつ？

　児童文化運動のはじまりは，大正期に入ってからのことである。大正期には大正デモクラシーとよばれる民主主義の時代において，子どもの個性を大切にし，その独自の精神世界に注目しようとした。まさしく「子どもの発見」の時代であった。1918（大正7）年に鈴木三重吉が出版した児童雑誌『赤い鳥』の発刊がその運動の嚆矢となった。『赤い鳥』は子どもの視点に立った新しい童話，童謡，童画の制作を提唱し，数多くの童話童謡雑誌を誕生させたという点においては，わが国の近代児童文化の革新をおこなったものといえよう。

　さらに『赤い鳥』誌による子どもの創作した綴り方・自由詩・自由画作品の紹介と指導は，全国の小学校の若い教師らを巻き込んだ一大運動に発展することになり，当時のわが国における学校教育界に大きな影響を及ぼすことになった。

6．「児童文化政策」とはどのようなものか？

　児童文化政策とは，児童政策の一環として国や地方自治体などが実施する政策のなかでも，とりわけ児童文化にかかわる対策，関連事業のことをさす。さまざまな児童文化施設の設置・運営や子ども会などを代表とする組織及び団体指導者の育成，遊び場対策，芸術鑑賞の提供，優良児童文化財の普及活動などが存在する。ここに挙げたものは，文部科学省，厚生労働省による政策の一環となっている。

第2章　児童文化財とその周辺

(1) 社会教育政策としての児童文化関連政策

　わが国では，明治期から行われていた読み物，映画，幻灯，後援会などの普及・認定活動がこれにあたる。とりわけ映画（活動写真）の子どもへの悪影響を心配するものとなり，「活動写真取締規則」（1917年）の制定・実施や映画館への児童の引率観覧ということを生じさせた。また昭和期に入り読み物，映画に加え，ラジオ，街頭紙芝居などの新たな文化財も出現し，文化財への社会的関心を一層広めることになった。戦時期になると，「児童読物改善ニ関スル指示要綱」（1938年）が出され，漫画本，赤本絵本などの児童読み物が改善運動の一環において，廃刊に追い込まれることになった。

(2) 現状と課題

　児童文化政策への取り組みは，先述したように文部科学省及び厚生労働省が中心に行っている。そこでは芸術普及活動をはじめとして，青少年の文化活動への助成や後援，厚生労働省中央児童福祉審議会に設置された文化財部会による児童文化財の推薦や優良児童文化作品に送られる児童福祉文化賞，同奨励賞なども存在する。また最近の新しい動きとして，「新子どもプラン」の策定などについてもみられるようになってきた。2001（平成12）年に「子どもの読者活動の推進に関する法律」が公布・施行されていることはまだ記憶に新しい。

　児童文化政策は，児童文化財の推薦と普及がおもな目的であって，望ましくないものに対しては改善勧告がなされる程度に止まっている。またわが国の児童文化政策は，民間における読書運動や文庫活動，遊び場作り運動といった児童文化運動の積極さに比べてきわめて消極的であるといわれる。また学校外教育ともいえる児童文化の政策の貧困さを訴える声も少なくないのが課題である。

参考文献
森上史朗編『新保育と文化』学術図書出版社，1995。

浅岡靖央・川勝泰介・加藤理編『児童文化』建帛社，2004。
浅岡靖央『児童文化とは何であったか』つなん出版，2004。
林邦雄編『保育用語辞典』ミネルヴァ書房，2010。
「こどもの城」ホームページ（www.kodomono-shiro.jp/info/infomation/128.html）
「東京おもちゃ美術館」ホームページ（www.goodtoy.org/ttm/about/index.html）
「財団法人児童健全育成推進財団」のホームページ（www.jidoukan.or.jp/project/culuture）
永井聖二・加藤理編『子ども社会シリーズ6　消費社会と子どもの文化』学文社，2010。
広田照幸監修，北田曉大，大多和直樹編『リーディングス　日本の教育と社会　子どもとニューメディア』日本図書センター，2007。
「三鷹の森ジブリ美術館へ行こう！」（三鷹市公式ホームページ：http://www.city.mitaka.tokyo.jp/ghibli/）
加藤理・川勝泰介編『叢書　児童文化の歴史第1巻－児童文化の原像と芸術教育－』有限会社港の人，2011年。【解題】担当（分担執筆）。
「『児童文化』黎明期の諸相」「生活綴方とプロレタリア主義」（野村芳兵衛，上田庄三郎，柳瀬浩）

第3章
伝承遊び・うた遊び・ごっこ遊び

Chapter 3 （橋爪　けい子）

はじめに

　「いないいない」と言ってから「ばあ」という言葉とともに顔を出す，いわゆる「いないいないばあ」の遊びは，子どもにとって生まれてはじめて出会う伝承遊びといえる。今までなかったものが突然現れたり消えたりするその変化とともに大好きな人の表情と声が伴うのであるから，「有」と「無」を認知し次の状勢に期待する思考力を育て，情緒の表出を豊かにし言葉の発達を促し，人とのコミュニケーション能力を向上させる役割をも持っている。

　伝承遊びは，明治9（1876）年11月16日，お茶の水の東京女子師範学校のなかにわが国で初めての幼稚園が開設されるよりもはるか以前，古く平安時代の後白河法皇編の『梁塵秘抄（りょうじんひしょう）』のなかに《遊びをせんとや生まれけむ，戯れせんとや生まれけん，遊ぶ子供の声聞けば，わが身さへこそ動がるれ》と詠まれている頃からの伝承であることはいうまでもない。

　古代から子どもたちは大人の生活に密着しながら子どもの眼で見た生活のすべてを「遊び」として捉え，楽しみながら成長してきた。この「子どもの無邪気さ」に「子どもを慈しみ健やかに育ってほしいとの大人の願い」がマッチングして，地域をいとわず時代を超えて伝わり，現代も人の心の温かみを感ずる伝承遊びとして「うた遊び」「ごっこ遊び」「あやし遊び」「生活の遊び」「運動遊び」「じゃんけん遊び」「ことば遊び」「手遊び」など様々な形態や楽しみ方で人々に広く親しまれている。ここでは保育の場で簡単

に行える遊びの例のうち，ほんの1部について挙げてみる。

1．伝承遊びの効用と意義

(1) 伝承遊びとは

　伝承とは，「伝え聞くこと。人づてに聞くこと。」また，「伝え受けつぐこと。古くからあった『しきたり（制度・信仰・習俗・口碑・伝説などの総体）』を受け伝えてゆくこと。その伝えられた事柄」であるとされている。子どもを取り巻くすべての人々，具体的には母親・父親・祖父母・兄弟・近隣や社会の人々，そして最近では保育所，幼稚園，子育て支援センターなどのスタッフから伝えられてきた遊びということになる。

　近年，インターネットなどのメディアの普及が急激に進み，人の顔を見て挨拶をするよりはパソコンや携帯電話の画面を見てメール交信を好む人が増え，人と人との関わりが希薄になり，それが心の病にも繋がることもあるといわれている。

　今，子どもたちに，「こんなに楽しい《あそび》があるよ。」と日々の保育の中で様々な伝承遊びを実体験させ充実感や満足感を味わわせることは，温かな心や人間性の豊かさを培うために，私たち大人がしてあげられる大きな贈り物であるといえる。

(2) 伝承遊びの変遷とこれからの展望

　古代から昭和期までの子どもたちが常に変わらず無類の好奇心と創造力を持って遊びに興じてきたことや大人が神仏をより所として子どもの健全な成長を願ったことなど，歴史的・民俗学的に見てそれぞれの時代・社会を反映した「遊びの文化」が優れた無形の歴史的文化財となり今日に至っている。特に平成の現代は，情報化IT社会となり携帯電話機およびゲーム機のすさまじいほどの普及により子どもたちの遊びも変化している。小学校教育にもパソコン・インターネットの授業が採り入れられている今こそ，伝承遊びの楽しさを子どもたち自身の感性に訴えるように，生活の中

第3章 伝承遊び・うた遊び・ごっこ遊び

のどんなものも《あそび》として経験させたいものである。

２．伝承遊び(あやし遊び・あやとり・お手玉・おはじき・かるた・たこあげ・まりつき・なわとび・コマまわし・石けり・自然物のあそび　など)

(1)　**あやし遊び**（いないいないばあ・ちょちちょちあわわ・あんよはじょうず・1ぽん橋こちょこちょ・シャンシャンシャン　など）

　子育てをする上で，「ベロベロバー」と言いながら両手を頭の上で動物の耳のように立て，舌を出して百面相のようなおもしろい顔をして子どもをあやす大人が少なくなった。また仮にそのようなあやし方をしても表情が変わらない，つまり笑わない子どもが多くなった。あやし遊びは手遊びとも重なり，人と人を結ぶ豊かな人間性を築く伝承遊びの第一歩である。

　　例１　いないいないばあ
　　　① （いないいない）両手などで顔を隠し　（ばあ）両手を開け顔を出す。
　　　② （いないいない）体ごと物陰に隠れ　（ばあ）子どもの視界に出る。

　　例２　ちょちちょちあわわ
　　　（ちょちちょち）2拍手　（あわわ）口に手をあて発声
　　　（かいぐりかいぐり）両手を胸の前で回す
　　　（とっとの目）両手人差指で目のそばをつつく
　　　（おつむてんてん）手で頭を軽くたたく
　　　（ひじぽんぽん）片手で交互に両肘をたたく。

　　例３　あんよはじょうず
　　　（あんよはじょうず　ころぶはおへた　ここまでおいで　あまざけしんじょう）
　　　歩き初めの子どもに，少し離れたところに立った大人が手をたたきながら，おいでおいでをする。上手に歩けるようになったら，徐々

に距離を長くする。

例4 いっぽんばし（くすぐり遊び）

（いっぽんばし）2人で向かい合って，一人が相手の手を持って手のひらに人差指でトントンと触る（こちょこちょ）手のひらをくすぐる

（たたいて　つねって）手のひらをたたいてつねる

（かいだん　のぼって）腕をのぼって（こちょこちょ），脇をくすぐる。

例5　シャンシャンシャン

（シャンシャンシャン）膝または手を3回たたく（おシャシャの）同様に2回たたく

（こんこんさん）狐のように両手を頭の上で耳にする　又は（お鉄砲）右手で鉄砲を打つ真似　又は（庄屋さま）両手を膝の上にする

……じゃんけん遊びの場合　庄屋さま＞お鉄砲＞狐＞の順に強い（勝ち）

(2) **あやとり（ホーキ・ゴム・川・橋・船・鼓・豚小屋）**

平安時代に婦女子の間で行われてきた紐を使った遊び。「いととり」ともいう。掌の大きさにもよるが，約1.5m程の長さの紐の両端を結んで輪にし，両手首に一巻きしたうえで左右の指にひっかけて最初の形をつくる。それをもう一人が両手の指にかけて取り，別の形にして自分の指に糸を受け取る。これを繰り返して出来上がったものに，「川・橋・船・鼓・豚小屋」などと命名し，一人で作り継ぎ，あるいは二人でやりとりを楽しんだり，手品のように紐のトリックを見せて楽しむこともできる。

あやとり糸は，中太毛糸，または中細毛糸を鎖編みにしたものがよい。

第3章　伝承遊び・うた遊び・ごっこ遊び

　保育の場では，戸外遊びの出来ない季節や悪天候の日などに，保育者のポケットに潜ませておく小道具として小さくてよい。その上，様々な型変わりは子どもの興味を惹き，手先指先の巧緻性を高め，言葉で動作を説明されたことを理解し行動することは脳を活性化させるのにとてもよい活動である。

　　例1　あやとりてじな（指きり）＊子どもに「なぜ？」と思わせる言葉掛けの工夫が必要
　①左手にあやとり紐を横にかけ，親指と人差し指の間に右手の人差し指を入れ，向こう側の紐を引き出し，1回ネジって左手の人差し指にかける。
　②左手人差し指と中指の間の紐も，右手で同様に引き出し，1回ネジって左手の中指にかける。これを薬指，小指にも繰り返す。
　③親指の紐だけはずし，小指の下の紐を引っ張ると「あら，ふしぎ」紐がスルリと抜ける。

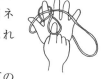

(3) お手玉

　端切れ布で作った片手で握りやすい大きさの袋にじゅず玉（イネ科の多年草の実）や小豆など半分くらいの量を入れて縫い閉じたもの。大きく分けて2つの遊び方がある。
①2個～数個を順に上に放り投げては取り放り投げては取って遊ぶ（ジャグリングのよう）
②5個～8個を下に置き，親玉1つを投げ上げて落ちてくるまでに，いくつかのお手玉を拾ったり手に乗せたりする。〔ひとりでさびし・おさらい〕など歌を歌いながら行う。

(4) おはじき（お弾き）

　古代に碁石や小石をはじいて遊ぶことから始まり，貝や豆粒大の小豆や木の実を使った頃もあった。明治時代後半になって現在のガラス製の円形のおはじきになった。拾数個をばらまき，重ならないもの2個の間に人差指で仕切り線を引き，一方のお弾きをもう一方に当て成功すると取ることができる。これを繰り返し，取ったお弾きの数を競う。

(5) かるた

　ポルトガル語のcartaからきた言葉。厚紙に絵や文字を書いた2枚のカードのうち，1組を場に広げ，もう1組を読み手が読み上げる。子どもたちは場を囲んで座り，読み上げられたカードに対応するカードを早く取ることを競う。平安時代に成立した「伊呂波歌」をもとにした「いろはかるた」は有名であるが，現代では様々なバリエーションが拡がり「郷土かるた」や「生活かるた」「キャラクターかるた」などもみられる。しかし，子どもたちが，テーマに沿って自身で考えた言葉や絵を表現し世界に一つしかないオリジナルなものを作りそれを使って遊ぶことは，何よりも保育教育効果が大きい。お正月の前後，つまり寒くて戸外遊びができない冬に，また進級を控えて向学心に燃えている頃に，家族や仲間が集まって《言葉遊び》を楽しむことは，人間関係を充実させる点からもとてもよい保育教材である。負けた子が泣くことがあっても「負けたけれどまたやりたい。」と思うようにする保育者の配慮が大切である。

(6) たこあげ

　凧は本来は，竹ひごをいろいろな形に組んだ骨に紙などを貼ったもので，これにたこ糸をつけて空に飛ばす。関西では「烏賊幟」（いかのぼり）ともいう。戦国時代の武将が戦いの勝利を知らせるために上げたとか，武家の男子誕生を祝って上げたなどといういわれがある。大空に舞うその姿は子どもにも大人にも魅力的なもので，多くの地域に特徴的な「祭」として伝承されている。保育の場では，約30cm四方のビニール袋に絵を描いて，約

第3章　伝承遊び・うた遊び・ごっこ遊び

1～2mの紐をつけ持って走るだけでも風を受けて，空を舞うので，3歳未満児も自分の作品で作ったという達成感を味わいながら十分に楽しめる遊びである。もちろん，5歳児には本格的な和紙に，何日もかけて独創的な感動体験画を描き，保護者参加の際に親子で製作などすれば，子どもにとっても保護者にとっても楽しい子育て支援の方法にもなり得る。

(7)　**まりつき（いちもんめのいすけさん・あんたがたどこさ・あのね和尚さんがね・うぐいすや・いちばんはじめは・一かけ二かけ三かけて）**

手鞠(てまり)のこと。貞応2（1223）年頃は手で鞠を上につきあげていたという。明治時代以降よくはずむゴムまりが輸入され，まりつきが流行した。現在では野球やサッカーなどのボールとは区別されており，まりつきの遊び方を知らない子どもが多く

なってきている。歌をうたいながら鞠をつき，手足を上げ下げし回旋させたり鞠が跳ね上がった間に体を1回転させたりすることで，股関節の動きが活発となり腰痛を未然に防ぎ瞬発力を育てるなど，身体運動として，子どものみならず高齢者まで全年齢にとってとてもよい運動である。

例1　あんたがたどこさ
（あんたがたどこさ　肥後(ひご)さ　肥後どこさ　熊本さ　熊本どこさ　仙波(せんば)さ　仙波山(せんばやま)には　タヌキがおってさ　それを漁師が鉄砲で撃ってさ　煮てさ　焼いてさ　食ってさ　それをこのはで　ちょっとおっかぶせ）
歌の「さ」の部分で片足を上げ，鞠の上を通す。

例2　いちもんめのいすけさん
1匁(もんめ)のいすけさん　芋屋(いもや)のおばさん　芋ちょうだい
2匁(もんめ)のにすけさん　人参屋(にんじんや)のおばさん　人参ちょうだい

33

3匁のさすけさん　鯖屋のおばさん　鯖ちょうだい
　　4匁のよすけさん　椎茸屋のおばさん　椎茸ちょうだい
　　5匁のごすけさん　牛蒡屋のおばさん　牛蒡ちょうだい
　　6匁のろくすけさん　蝋燭屋のおばさん　蝋燭ちょうだい
　　7匁のしちすけさん　七輪屋のおばさん　七輪ちょうだい
　　8匁のはちすけさん　箱屋のおばさん　箱ちょうだい
　　9匁のきゅうすけさん　きゅうり屋のおばさん　きゅうりちょうだい
　　10匁のじゅうすけさん　重箱屋のおばさん　重箱ちょうだい

(8) **なわとび（大波小波・お嬢さん・一羽のからす・親子なわとび・ながなわとび・郵便屋さん）**

　例1　親子なわとび
　・2人が息を合わせて跳び，失敗・成功を繰り返すので，同胞感・達成感を大きく持てる。親子や保育者・実習生との活動として親近感を持つことができる。
　・親（役）と子（役）が向かい合って立ち，親（役）がなわとびを持ち，「せーの」などの掛け声をかけて縄を廻し同時に跳ぶ。

(9) **コマ（独楽）回し**

　木製・金製の胴に心棒を貫き，これを回転させる遊び。日本の独楽には，博多独楽，鉄胴独楽，唸り独楽（唐独楽），貝独楽（ベーゴマ），銭独楽，お花独楽・八方独楽などがある。
　回し方は，心棒を指でつまんで回す，両手で挟んで回転させる，心棒に

巻きつけた紐を引いて回す，独楽に巻きつけた紐の端を小指と薬指の間に挟み独楽を投げて回す，独楽を紐でたたいて回す，などがある。うまく回すにはコツが要り，一人で回すだけでも面白いが，寿命比べ（長く回り続けることを競う），当て独楽（喧嘩独楽ともいい，独楽を回転させながらぶつけて相手の独楽をはじき出す）もある。

　保育の場では，木製の白生地のものに子どもが色塗りをしたり，どんぐり等の自然物を利用したり，紙を幾重にも貼り合わせて厚くしたものを作ったり，おり紙で折ったコマも回すことができる。紐を巻いて回転させる独楽は，手首の柔らかな動きや身体を屈めて全身を使って遊ぶことから，5歳児の総合的な身体運動としてとてもよい。

⑽　**いしけり（石蹴り）**
　片足けんけんで石を蹴りながら，きめられた区画を移動する遊び。地面にいくつかの○・長方形の区切り・渦巻き形などの区画を描き，小石を投げいれて片足けんけんで，区画の順に小石を蹴ってゴールする。蹴り損ねたり，石が順番と違う区画に入ると次の人と交替。（いちだーんせ）

⑾　**自然物のあそび（タンポポの茎笛・どんぐりゴマ・シロツメグサの冠・オナモミ）**
　　例1　タンポポの茎笛
　　　爪でストローくらいの太さのタンポポの茎を4〜5cmに切り，片方の先端を歯で軽く潰し，反対部分を口にはさんで吹くと音が出る。この時，タンポポの切り口を舌に付けないようにすると苦みを感じない。

3．うた遊び（わらべうた・絵かき歌・となえ歌・手遊び・指遊び・なわとびうた）

(1) わらべうた
　日本の伝統的な音楽構造に西洋音楽が取り入れられ，子どもの遊びに伴ううた全てをいう。したがって，前記「伝承遊び」の項と重なるものが多い。友達と声を揃えて歌うことを通して歌の持つ遊び方のルールを知り，集団遊びの楽しさを体験することができる。

　（あがりめさがりめ・せっせっせ・かごめかごめ・はないちもんめ・ひらいたひらいた・ことしのぼたん・ちょちちょちあわわ・おべんとばこの歌・おてらの和尚さん・おしくらまんじゅう・げんこつやまのたぬきさん・いもむしごろごろ・かりゅうどさん・くまさんくまさん・むっくりくまさん・あぶくたった・トントントン何の音・お手玉うた・縄跳びうた・まりつきうた・じゃんけんうた　など）

(2) 絵かき歌（棒が1本あったとさ・たんぼのまえに・2いちゃんが）

　例1　①たんぼのまえに　②きが2本　③お山が4つ　④また4つ　⑤たまごが2つ黄身があって　⑥あっというまにかわいいカニさん

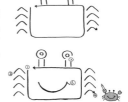

(3) となえ歌（雁雁（がんがん））
みんなで声を揃えて唱えると楽しい。
　例1　雁雁（秋の夕方，渡り鳥が夕焼け空を背景に飛んでいく姿をみて歌う）
　　　（がんがん，竿になーれ，おーび（帯）になーれ，かーぎ（鍵）になーれ）

(4) **手遊び**（あっち向けホイ・父さん指どこです・はちべえさんと十べえさん・指相撲・影絵・子どもと子どもがけんかして）

保育者と子ども，子ども同士の触れ合いや結びつきを深めるふれあい遊びとして手軽にいつでもどこでも行える。また，言葉と動きの1対1対応や動作の連動を楽しめるので言語発達の面からも効果的といえる。

(5) **指遊び**（ずいずいずっころばし・せっせっせ・指占い・名前占い）
例1　指占い「①おなべふ・②あきすとねこほ」
　　　向かい合って相手の中指の先端に親指を当て，中指の届いたところを始点とし，一音ずつ左右の親指の腹を交互に測り上がり，相手の肘の内側の線を終点とした時点での音により，相手の性格や将来・2人の関係などを占って楽しむ。
　　　音の意味　①お＝お利口，な＝泣き虫，べ＝勉強家，ふ＝ふざけんぼ，も＝ものぐさ，か＝賢い
　　　　　　　②あ＝愛してる，き＝嫌い，す＝好き，と＝友達，ね＝熱烈，こ＝恋人，ほ＝惚れてる

4．ごっこ遊び（ままごと遊び・鬼ごっこ・すもうごっこ・生活の遊び雑巾縫い　など）

(1) **ままごと遊び**

「ままごと」は，〈おままごと〉でも〈ママごと〉でもなく，「飯事」と書く。本来は食事のまねごとをする意味。炊事・食事・買い物・訪問・客をもてなす・赤ん坊の世話をするなど，家庭内の仕事を行うまねをして遊ぶ。お母さん役，子どもの役，お客さんの役などを決めて，ござなどを敷いた上を家の中とする。おもちゃの包丁やまな板，茶碗などのほかに，土・砂・小石・葉っぱ・花・木の実など，ありとあらゆるものが道具になる。子どもの日常生活の様子が具体的に表現されるので，その子どもの役割認識の度合い・言葉の理解度・社会性の育ちの様子がわかる。

(2) 鬼ごっこ

　鬼（追いかける役）と子（逃げる役）をじゃんけんで決め，様々な条件の中で追いかけ・追いかけられることを楽しむ。1対1の関係，全員がつかまって終了となる集団意識，助け鬼といわれる集団対集団などいくつかのタイプがある。「タンマ」と言って，安全地帯や基地・休憩場所など，鬼が子を捕まえることができない時間や場所を作る場合もある。

　追いかけ鬼，色鬼，鉄鬼，高鬼，影踏み，かくれんぼ，手つなぎ鬼，しゃがみ鬼，はじめの1歩，ひょうたん鬼，助け鬼（ネコとネズミ，どろけい・泥棒と警察），子取り鬼，問答を楽しむ鬼ごっこ（ことしのぼたん，オオカミさん）など。

(3) すもうごっこ

　「古事記」や「日本書紀」にも出ている日本の伝統的な格闘技であり，現在も国技として人々に親しまれている大相撲をまねて遊ぶ。円形の土俵で2人の力士が力比べをし，押し出されるか地面に身体の一部が付くと「土が付いた」ということになり負けとなる。その判定は行司が軍配を持って行う。文字通り体当たりで取り組むので，スキンシップをとる方法として最適で，子どもたちの喜ぶ遊びである。バリエーションも，楽しめる。
・引き相撲：2人向き合って立ち，足元に線を引く。合図で手を引いたり押したりして相手の体勢を崩し，印から足を離れさせたら勝ち。
・腕相撲：2人向き合い机などに肘をつけ，手のひらをあわせて握り，力ずくで相手の手の甲を机の面に接触させた方が勝ちとなる。
・指相撲：2人向き合い，右手同士または左手同士の手のひらをあわせ親指を立てて握り合い，相手の親指を捉えねじ伏せると勝ち。

(4) 生活の遊び　雑巾縫い

　5歳児の活動として取り入れられている。5月の母の日の前に裁縫し，大好きな人にプレゼントし，自分の感謝の気持ちを表し伝えると「こんなに小さな子どもが裁縫をしてよく作った。」と感動されるが，保育者を

志す若者も気軽に針と糸を手にして，ぬいぐるみのほつれやボタンつけをするとよい。手造りの雑巾の使いやすさや大切さを知ることも出来る。

- 準備物　白地のタオル1本，木綿糸（赤・緑・黄・青など　適宜），和針，ハサミを用意し，針を扱うので安全には十分に注意。園児は極少人数のグループで個別対応。1針ごとに引

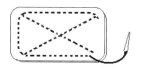

き抜く際の手の動きに気をつけるよう言葉かけする。
- 方法

危険のないように，大人が子どもと1対1で指導する。
①長フェイスタオルの端を中央に合わせて，4つ折りにする。
②針に糸を通し（2本取り）玉結びをし，①の周囲を縫う（縁から1cm以内，薄く印つけをするとよい）。巻き縫いにならないように，《上から下へ刺して引き抜き，下から上に引き抜く》を繰り返す。斜めに対角線を縫う。
②空いている所に好きな絵や模様を縫う。花・魚・星のマークなどでオリジナル性を持たせる。
- 出来上がったら，子どもの描いた紙の袋などに入れてプレゼントするとさらに喜ばれる。

おわりに

　人は誰でも楽しく遊んだ子どもの頃の懐かしい思い出を持っている。それはその当時の自然環境や社会状況などと共に脳裏に刻み込まれており，成人後の人生の端々に出現し，些細な行動の道しるべとなったりくじけそうになった時の励ましの源になったりもする。

　筆者は，幼少の頃，雨降りの日には畑仕事に出られない母親が編み物や縫物をしながら古い歌を歌ってくれたその傍らで手作りの蒸しパンやふかしイモを食べたことや，姉のする〔まりつき・お手玉〕や，兄のする〔メ

ンコやゴム鉄砲遊び〕に感心したりびっくりしたりした思い出がある。それらはいつのまにかすべて自分の生活の指針や趣味・遊びの喜びとなり，幼児教育者の道を歩んだことで多くの幼児や若い保育者等との出会いがあり，現在も腹話術やパネルシアター・伝承遊び等を通した子ども会活動や高齢者向けサークルへのボランティア活動を続ける中で，人との出会いの大切さ《一期一会》を実感している。日本の長い歴史の中で育まれた様々な伝承遊びは，これからの日本の文化・経済・歴史・自然の背景のもとに，地球規模で生活する人々にとっての生きる糧に繋がっていくと思われる。この素晴らしい児童文化を次世代に繋げる役割を多少なりとも果たせることは，私にとって大きな喜びである。

参考文献
岩井正浩『わらべうた・遊びの魅力』第一書房，2008
財団法人　幼少年教育研究所『新版　遊びの指導』同文書店，2009
さいとうたま，つじむらますろう『親子であそぶあやとり絵本　あやとりいととり』福音館書店，1982
笹間良彦『遊子館歴史図書シリーズ３　日本こどものあそび図鑑』遊子館，2010
田中邦子『歌とリズムで伝承あそび　お手玉・まりつき・ゴムとび』一声社，2008，110-118頁
宮坂榮一『伝えよう！わんぱく　おてんば　子どもの遊び』教育出版，2008
近藤信子，柳生弦一郎『にほんのわらべうた①うめとさくら，②すずめすずめ，③おてぶしてぶし，④楽譜とCD，福音館書店，2001

第4章
お 話

（藤井　伊津子）

1．お話とは

(1) 「お話」とは何か

この章でとりあげる「お話」とは，物語を覚えて語る素話(すばなし)のことをいう。素話とは絵本や紙芝居などのように，作品として表現されたものを読むのではなく，何も持たず，自分の声と表情とで直に物語りを語ることをいう。また，「ストーリーテリング」といわれる耳から聞いて覚えたお話ではなく，本など文字になったものを自分で覚えて語ることも「お話」に含む。

つまり，この章では，保育者や教師・親や祖父母・地域の人など，子どもを取り巻く人が語り手となり，聞き手の子どもたちに直にお話を語り，一緒に「物語」（文学）を楽しむことについて述べる。

口伝えに語られてきた昔話や，生きる楽しさを感じさせてくれる創作の物語などを語ることを通して，子どもたちとともに味わい楽しみ，引き継いでいきたい。

(2) お話が子どもたちに必要な訳
1）人として育つために

赤ちゃんは母親のお腹の中にいるときに語りかけられた声や，聞いていた音楽を聞くと反応するといわれる。聞く力は生命誕生の早い時期から

育っているといえる。そして生まれた赤ちゃんは，抱かれるという温かい肌のぬくもりを感じながら，ほほえみかけられ，語りかけられ，大人への愛着と信頼を身につけていく。このことからも子どもにとって直に語りかけられることは，食事や身の回りの世話をしてもらうことと同じように，生きるために重要なかかわりであるといえる。

胎児は母親の胎内で長い人類の進化の歴史をたどりながら成長するといわれる。この世に生まれ出てからも他の哺乳動物より長い時間をかけて成長する。一人で歩けるようになるまでに赤ちゃんは，大人からのかかわりを受けながら約1年の時間を必要とする。言葉が話せるようになるにも乳幼児期に，何度も名前を呼ばれ，語りかけられ，訴えに応答してもらう直接的な素朴で温かみのあるかかわりが必要不可欠である。

現在の子どもを取り巻く環境は，人とのかかわりが減少していることが指摘されている。このことからも語り手の人柄を感じながら直に聞く言葉から，自分でその意味や世界を想像する「お話」の世界の楽しさを子ども時代にたっぷりと経験することは，人として育つために重要なことであるといえる。

2）発達の特性から

乳幼児期は言葉を獲得する時期である。そしてアニミズムといわれる何にでも命の存在を感じる時期である。子どもたちはお話を聞くことから言葉に触れ想像し，日常の生活から空想の世界へ自由に飛び立つことができる。そして空想の世界で様々な出会いをし，喜怒哀楽や他者への思いやりなど，多様な感情体験を味わうことができる。

幼稚園教育において学校教育法第23条4では「日常の会話や，絵本，童話等に親しむことを通じて，言葉の使い方を正しく導くとともに，相手の話を理解しようとする態度を養うこと」とある。幼稚園教育要領や保育所保育指針においても，安定した情緒のもとで信頼関係を築き，遊びをとおして自立心を育て，人と関わる力を育てること，言葉に対する感覚や言葉で表現する力を養うことが求められている。

小学校教育についても，学校教育法第21条5において「読書に親しませ，

生活に必要な国語を正しく理解し，使用する基礎的な能力を養うこと」，9において「生活を明るく豊かにする音楽，美術，文芸その他の芸術について基礎的な理解と技能を養うこと」とし，第30条2においては「生涯にわたり学習する基盤が培われるよう，基礎的な知識及び技能を習得させるとともに，これらを活用して解決するために必要な思考力，判断力，表現力その他の能力をはぐくみ，主体的に学習に取り組む態度を養うことに，特に意を用いなければならない」とある。

聞く力は読むこと・思考すること・判断することの基礎であり，主体的学習の基礎であると考えられる。語り手としての親や保育者・教師と，聞き手としての子どもが対面または膝の上で，語り手から直に語られる言葉に耳を澄まし，ともにお話の世界を楽しむことは，幼児期・学童期の発達において重要なことであることが法規からもうかがわれる。

3）ともにつくりあげる体験

お話を語るためには，語り手はまずお話を覚え自分のものにしていなくてはならない。何度も読んだり書いたりして覚えていく。そうした努力をして覚えたお話を子どもたちに語る時,語り手は子どもたちが耳を澄まし，目を輝かせて真剣に聞いてくれている表情や反応から，お話の楽しさとお話を進めていく力をもらう。子どもたちと一緒に緊張感や喜びを感じる楽しさをもらう。聞き手の子どもにとっては，語り手から直に聞く生の声と表情から自分でお話の世界を想像し，その世界を味わう楽しさと語り手のかもし出す人柄と出会う。また，一緒に聞いた友達との共通の体験となる。こうした体験は，たとえ同じお話であっても，聞き手が同じ子どもであっても，つくり出されるお話の世界は，聞く度ごとに1回1回違う味わいが生まれる。

松岡享子はお話について「わたしたちの考えるお話は,術でもなければ,娯楽でもありません。……（筆者略）……お話を文学─文学のうちでも,文字によらず,声によって伝達される文学─と考えています。……（筆者略）……文学作品を，語り手が，主に声によって表現し，それを聞き手ともどもたのしむこと」[1]と述べている。

お話とは語り手と聞き手とが心を通わせ，ともに楽しみ，ともにつくる文学の世界といえる。「ともにつくる体験」は聞き手にも語り手にも深い感動を生み，生きる喜びとなる。

2．お話を選ぶにあたって

(1) 自分の好きなお話を

　どのようなお話を子どもたちに語ったらよいのか。たくさんのお話の中から選ぶことは難しいことである。文学として子どもとともに楽しむ世界とはどのような内容のものがよいだろうか。先ず，聞き手がお話を聞いて楽しさや嬉しさを感じたり，勇気や知恵をもらったり，ほっと安心したりするような生きる力となる内容のものを語ることが求められる。

　具体的には，まず語り手となるあなた自身が子どもの頃に聞いたお話で，好きだったお話を語るとよい。そのお話はあなたの体の中に宿り，生き続けてきたものであるので，あなたにしか伝えることができない味がある。語り手が忘れられないお話は聞き手の心に届く力がある。自分の好きなお話は自分の大切な宝物であり，そのお話を今度は子どもたちに語ることによって，そのお話はますますあなたの中で大きく深いものになっていく。

(2) 聞き手の発達に合ったお話を

　お話を一緒に楽しむことができると，それは子どもにもあなたにも幸せな出会いとなる。そのためには心地よい言葉であること，言葉から聞き手の子どもが情景を想像することができることである。したがってどの本をテキストにするのかが大切である。迷ったときは先ず，多くの語り手が利用している評価の高いテキストから選ぶとよい。

　また，あなた自身がお話会に出かけていき，楽しみ，好きになったものを覚えるのもよい。「よい語り手になるにはたくさんのよいお話を聞け」といわれる。ぜひいろいろな人の語りを聞いてほしい。

　幼児を対象としたお話の選択にあたっては，次のことに留意して選ぶと

よい。
1) わかりやすい話であること。
（筋がしっかりしている。登場人物が少ない。描写がはっきりしている。）
2) 対象の子どもが興味を持っているもの。
（体験したことがある。身近なテーマである。発達の過程や季節に合ったもの。）
3) 言葉や文章にリズムがあるもの。（3回の繰り返しがある。おなじ言葉の繰り返しやリズムのあるフレーズがあるなど。）

3歳児くらいだと、「おおきなかぶ」[2]「てぶくろ」[3]など単純なストーリーで、繰り返しのリズムが楽しいものがおすすめである。「おおきなかぶ」では一緒にかけ声をかけてくれたりすることもある。

4歳児くらいになると、「こすずめのぼうけん」[4]「おおかみと七ひきの子やぎ」[5]「ねずみのすもう」[6]など、少し長めの起承転結のしっかりした話もよい。4歳児くらいになるとお話を聞きながら、情景を想像したり、自分が登場人物になったような気持ちになったりしてお話を楽しむようになる。

5歳児・6歳児くらいからは、「猿かに合戦」[7]「三びきのこぶた」[8]「一番ねずみのヤカちゃん」[9]など、長めのお話も集中して聞くことができるようになる。たっぷりお話を聞いた後はため息が出るほど、お話の世界に入っていたことが感じられることがある。

小学生になると、「だんまりくらべ」[10]のようなとんちのきいたもの、「黒いお姫様」[11]「雪女」[12]などの怖い場面があるものや、「スーホの白い馬」[13]「十二のつきのおくりもの」[14]など本格的な物語を楽しむことができるよう

になる。

　現在の子どもを取り巻く環境はメディアが溢れており，語り手から直にお話を聞く体験は非常に少なくなっている。そのためお話を聞くことに慣れないうちは，集中して聞くことが苦手な子どももいる。しかし，何度も繰り返していると，楽しんで聞くことができるようになる。本来「子どもたちはみんなお話が大好きなのだ」と，多くの語り手たちが実感している。

(3) 昔話を子どもたちに

　昔話は長い年月をかけて語り継がれてきたものなので，無駄な言葉がなく，語り易く聞き易いお話として磨き抜かれてきたものである。そしてその内容は深く，聞き手にとっても語り手にとってもその時々の状況により，様々なメッセージを与えてくれる。人類の宝物といってよい。

　昔話は「幼い子どもには残酷だ」という声もある。たとえば，「三びきのこぶた」では，二人の兄さんぶたはおおかみに食べられてしまい，三番目のこぶたが知恵を働かせ，最後にコトコトとおおかみを煮て食べてしまう。絵では表現しにくい残酷な場面も，さらりと語られ耳から聞く言葉からは，子どもたちがそれぞれに場面を想像し消化していくので，こぶたの知恵に感心したり，お話そのものの結末に満足したり，言葉や文のリズムを楽しんだりすることができているようである。

　こぶたが食べられたり，おおかみが死んでしまったりするのは，「子どもによくないのでは」と，おおかみと仲直りをしたり，お話の途中を省略したりと話の筋が変えられているものもあるが，昔話には語り継がれてきただけの価値があり，人類への深いメッセージが込もっている。幼い子どもは自分を主人公に重ね，大人は人生の教訓を感じるかもしれない。昔話は，お話を聞いてその人がどのようなことを感じるか，そのことは聞き手にゆだねながら人生への深いメッセージをはぐくんできた。その昔話を，今という歴史の中でのひとこまにおいて変えてしまうことは，長い年月語り継がれてきた，昔話のなかに宿るメッセージを壊したり失ったりすることになるだろう。語り継がれてきたお話を引き継いでいく思いで，大切に

第4章 お話

子どもたちに届けていきたいものである。

3．おすすめのお話

(1) 日本の昔話

1）「**わらしべ長者**」（地域によっていろいろなパターンがある。）
　　貧乏な若者が観音様からいただいたわらしべ（稲のわらのしん）を，泣いてほしがる子どもにやり，お礼をもらう。困っている人を見るに見かねて，何度も大切なものを手放す他者への情けから，新たに手放したもの以上のものをもらい長者になっていく話。

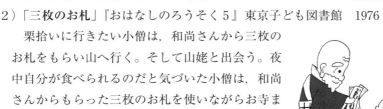

2）「**三枚のお札**」『おはなしのろうそく5』東京子ども図書館　1976
　　栗拾いに行きたい小僧は，和尚さんから三枚のお札をもらい山へ行く。そして山姥と出会う。夜中自分が食べられるのだと気づいた小僧は，和尚さんからもらった三枚のお札を使いながらお寺まで戻る。はらはらしながら聞いていると，落ちがある。追いかけてきた山姥と和尚とのやりとりが楽しい日本の昔話を代表する話。

(2) 外国の昔話

1）「**おおかみと七ひきの子やぎ**」グリム昔話『おはなしのろうそく18』
　　東京子ども図書館　1990
　　子どもたちのよく知っている大好きなお話の一つ。母やぎが出かけた後，おおかみが子やぎたちのところにやってくる。戸をノックするおおかみと子やぎのやりとりの時には，思わず子どもたちから「だめ！」と声が出るくらいである。

2）「**三びきのこぶた**」イギリスの昔話　瀬田貞二／訳『三びきのこぶた』
　　福音館書店　1967

この絵本は，昔話のストーリーを忠実に再話していると評価の高い絵本である。子どもたちがよく知っている話なので，子どもたちと一緒に進めていくことができる。
　こつこつと仕事をし，知恵を働かせて生き抜くこぶたがたくましい。

(3) 創作童話

1)「**ひつじのむくむく**」村山桂子／作『ひつじのむくむく』福音館書店　2009
　ひつじの子ども「むくむく」は働いているお百姓やおかみさんや牝牛やぶたやにわとりやあひるに，遊んでほしいとせがむが，みんな忙しくて遊んでくれない。ところがオオカミは遊んでくれるというので喜んでむくむくはついて行く。繰り返しが楽しく，はらはらどきどきしながら最後にホッとする。創作の絵本であるが素話でも楽しい。
　　※　絵本は言葉がなくても絵に語る力があるため素話にすると言葉が足らず聞き手がイメージをつくりにくい場合があり，素話に向かないものがある。絵本から選ぶ場合は注意が必要である。

2)「**世界で一番きれいな声**」フルール／作『おはなしのろうそく11』東京子ども図書館　1981
　ある日1羽のこがもが旅に出ようと家を出て，子猫や犬や小鳥や牝牛に出会い，それぞれの声がうらやましく，真似るがいい声が出ない。悲しくなった時，おかあさんかもの声を聞き，世界で一番美しい声だと喜ぶ。そして，うまく真似ることができるという話。真似る鳴き声が子どもには楽しいようである。

3)「**こすずめのぼうけん**」エインワース／作『おはなしのろうそく13』東京子ども図書館　1983
　こすずめに茶色い羽が生え翼をパタパタさせることができるようになると，お母さん雀が飛び方を教え始める。飛べたこすずめは嬉しくて，お母さんとの約束を破ってどんどん遠くへ飛んでいく。しばらくすると疲れが出てほかの鳥たちの巣で休ませてもらおうとするが断られてしま

第4章　お話

う。夜になり疲れたこすずめは，お母さんと出会え，負ぶって帰ってもらう。最後がお母さんの温かさでいっぱいの話。

(4) 詩

選びぬかれた言葉とテンポのよいリズムのある詩は，子どもたちの言葉の世界を豊かにする。子どものつぶやきや，あなたが作った詩を紹介することも詩の楽しさを広げていく。

金子みすゞ・工藤直子・谷川俊太郎・まどみちお各氏の詩集，藤田浩子氏の『詩でダンスダンス』[15]などから，あなたの好きな詩をまず一つ覚えて，紹介したり子どもたちと一緒に唱えたりすることも楽しい。

また，落語の「寿限無(じゅげむ)」なども子どもたちは覚えてしまう。落語絵本を読んだ後，一緒に覚えるのもおすすめである。

　　　　　　　　　川端誠　落語絵本『じゅげむ』クレヨンハウス　1998

※　お話を選ぶときのおすすめの本：『たのしいお話1　お話のリスト』第三版　東京子ども図書館　編・発行　1999

この本は初心者が何を話そうか，対象の子どもに合うだろうか，時間はどのくらいかかるだろうか，と悩んだときの強い味方になってくれる。索引があり，昔話が語られた地域，話のタイプ，聞き手の年齢，主な登場人物，物語の中で重要な役割を果たす出来事，印象的な事物などの項目からまとめられている。

3　お話を語る

(1) お話を正しく覚える努力をする

楽しいお話の会になるためには，語り手がお話を覚えて丁寧に心を込めて語ることが何より大切である。そのために知っているお話でも，声に出して語ってみたり文字にして確認したりして，自分のものにしていく努力が求められる。聞き覚えたお話であっても，きちんと文字に起こしておくと安定した語りをすることができる。筋だけ覚えて語る場合，語る度に適

当な言葉で語ってしまいやすい。お話は一つ一つの言葉やリズムが大切で，聞き手に楽しさを届けるためには，語り継がれてきたお話や語るためのテキストから覚えるとよい。

　新しくお話を覚える場合は，特に声に出して何度も読んだり，書き写したりすることをすすめる。一度書き写してから覚えていくと，言葉使いや間の取り方のなどへの気づきも多い。

　覚え方は，文章を少しずつ覚えたり，場面ごとに覚えたり，自分に合う方法で挑戦してほしい。覚え方や覚えるためにかかる時間は人それぞれである。一つのお話に時間をかけ努力しただけ，自分にとって大切なお話になり，そのお話を通じてたくさんの学びをすることができる。

(2) 声に出して何度も語る練習をする

　声に出して何度も読んでいると覚えたような気持になるが，いざ語ろうと思うと言葉が出てこないことがある。実際に語るつもりで何度も声に出し，テキストを見ないで語る練習をしておけば，自信がつき声も大きくなる。お話は聞き手に語り手の声が聞こえることが大切である。また，耳から聞いた言葉から場面が想像できるようにゆったりとした間があるとよい。身振りや声色は語り手からのイメージが強く，聞き手自身の想像が広がりにくいので控えめがよい。

　子どもたちに語る場合は，実際をイメージして何度か語る練習をし，時間を計っておくとプログラムに見通しがもてる。

(3) お話を語るための環境を整える

　聞き手が集中してお話を聞くことができるためには，環境を整えておくことが重要である。聞き手にも語り手にも語っているとき視界が変化したり，騒音がしたりすると気が散って，お話の世界が壊れてしまう。

　聞き手の視線が語り手に集中するよう，語り手の背後は何もない壁やカーテンの前がよい。聞き手は語り手を軸に，扇を広げたように座り，聞き手語り手のどちらからもよく顔が見えるくらいの間隔で，まとまるよう

座るとよい。

　異年齢の子どもたちのグループの場合は，年少児を年長児の隣に座らせると，年長児の話を聞く態度につられて，一緒によく聞ける場合がある。

　現実の世界からお話の世界に区切りをつけ集中できるよう，お話をはじめる前に部屋の電気を消し，ろうそくに火をつけたり，きれいな音の鈴やベルを鳴らしたり，簡単な導入のための話をしたり，わらべうたを歌ったりすることがある。あなたの好きな方法で実践してみてほしい。

(4) 子どもたちと一緒にお話の世界をつくる

　お話を「読む」のではなく「語る」とはどういうことか考えてみたい。子どもたちにお話を語った後，「読んでくれてありがとう」と言われることがある。日常生活の中でお話は読んで楽しむことが大半で，耳から聞いて楽しむという経験が少ないので，「語る」という言葉も日常生活であまり使用しなくなっているようである。

　「語る」という言葉からは，語り手一人だけの行為ではなく，他者に対して言葉で伝える行為がイメージされる。お話はほとんどの場合，言葉は語り手からしか発せられない。しかし聞き手と目を合わせたり，聞き手がうなずいたり表情を変えたり，耳を澄まし聞き入っている様子から，語り手は聞き手からのメッセージを直に受け止め，言葉でなくても聞き手と語り手との間には，深いコミュニケーションが生まれる。語り手と聞き手の両者がいなければつくることができない世界。このことがお話の大きな魅力であろう。同じお話を何度語っても，何度聞いても飽きることのない味わいをお話はもっている。お話は語ることを重ねるたびに，語り手と聞き手の中でそれぞれに成長し，変わらぬメッセージや新たなメッセージを送ってくれる。子どものころに聞いたお話や苦労して覚えたお話は，その人に宿り時間を経ても，励ましのメッセージを送ってくれることがある。特に昔話にはそうした底力がある。とにかく語って，この楽しさを味わっていただきたい。語り合う文学，お話の楽しみを子どもたちに届けていただきたい。

4．覚えてみよう

イギリスの昔話「ねことねずみ」

ねことねずみがあそんでた。
こうじ小屋の中で，あそんでた。
ねこが，ねずみのしっぽをくいちぎった。
「ねえ，ねこさん，わたしのしっぽをかえして
ちょうだい」と，ねずみはいった。

「いやだね」と，ねこはいった。「しっぽはかえしてやらないよ。おまえがめ
うしのところへいって，ミルクをもらってくるまでは」
　　　そこで，ねずみはポンとはね　　　それから，とんとんかけてった。
　　　とんとん，めうしのところまで。　　そして，めうしにこういった。
「ねえ，めうしさん，ミルクをちょうだいな。そのミルクをねこにやり，わ
たしのしっぽをかえしてもらうの」
「いやだね」と，めうしはいった。「ミルクはやらないよ。おまえがお百姓の
ところへいって，干し草をもらってくるまでは」
　　　そこで，ねずみはポンとはね　　　それから，とんとんかけてった。
　　　とんとん，お百姓のところまで。　　そして，お百姓にこういった。
「ねえ，お百姓さん，干し草
をわけてちょうだいな。そ
の干し草をめうしにやり，
めうしからミルクをもらい，
そのミルクをねこにやり，
わたしのしっぽをかえしてもらうの」

「いやだね」と，お百姓はいった。「干し草はやらないよ。
おまえが肉屋にいって，肉をもらってくるまでは」
　　　そこで，ねずみはポンとはね　　　それから，とんとんかけてった。
　　　とんとん，肉屋のところまで。　　そして，肉屋にこういった。
「ねえ，肉屋さん，肉をちょうだいな。その肉をお百姓にやり，お百姓から
干し草をもらい，その干し草をめうしにやり，めうしからミルクをもらい，
そのミルクをねこにやり，わたしのしっぽをかえしてもらうの」

第 4 章　お話

「いやだね」と，肉屋はいった。
「肉はやらないよ。おまえがパン屋にいって，
パンをもらってくるまでは」
　そこで，ねずみはポンとはね
それから，とんとんかけてった。

　　　　とんとん，パン屋のところまで。　　そして，パン屋にこういった。
「ねえ，パン屋さん，パンをちょうだいな。そのパンを肉屋にやり，
肉屋から肉をもらい，その肉をお百姓にやり，お百姓から干し草をもらい，
その干し草をめうしにやり，めうしからミルクをもらい，そのミルクをねこ
にやり，わたしのしっぽをかえしてもらうの」
「いいとも，パンをあげよう」と，パン屋はいった。「そのかわりうちのごは
んは食べっこなしだよ。さもないと，おまえの首をちょんぎるぞ」
　そういって，パン屋はねずみにパンをくれた。ねず
みはパンを肉屋にやった。肉屋はねずみに肉をくれた。
ねずみは肉をお百姓にやった。お百姓はねずみに干し
草をくれた。ねずみは干し草をめうしにやった。めう
しはねずみにミルクをくれた。ねずみはミルクをねこ
にやった。すると，ねこは大事なしっぽをかえしてく
れた。

　　　イギリスの昔話　松岡享子訳「ねことねずみ」『おはなしのろうそく21』
東京子ども図書館　1985より

注（文中に出典を記入したものについては紙面の都合で省略した。）
1) 松岡享子『お話を子どもに』日本エディタースクール出版部, 1994, 16頁
2) 内田莉莎子／訳　ロシアの昔話『おおきなかぶ』福音館書店, 1966
3) うちだりさこ／訳　ウクライナ民話『てぶくろ』福音館書店, 1965
4) エインワース／作「こすずめのぼうけん」『おはなしのろうそく13』東京子
　　ども図書館, 1983
5) グリム昔話「おおかみと七ひきの子やぎ」『おはなしのろうそく18』東京子
　　ども図書館, 1990
6) 「ねずみのすもう」『おはなしのろうそく18』東京子ども図書館, 1990
7) おざわとしお／再話「猿かに合戦」『さるかにかっせん』日本の昔話4　福

音館書店，1995
8）瀬田貞二／訳　イギリスの昔話『三びきのこぶた』福音館書店，1967
9）リチャード・ウィルバー『番ねずみのヤカちゃん』福音館書店，1992
10）大川悦生「だんまりくらべ」『子どもに聞かせる日本の民話』実業之日本社，1998
11）ウィルヘルム・ブッシュ『黒いお姫さま　ドイツの昔話』福音館書店，1991
12）まつたにみよこ／文「雪女」『松谷みよ子のむかしむかし』日本のむかし話3　講談社，1973
13）大塚勇三／再話　モンゴル民話『スーホの白い馬』福音館書店，1967
14）「十二のつきのおくりもの」『おはなしのろうそく2』東京子ども図書館，1973
15）藤田浩子『詩でダンス・ダンス』一声社，2001

参考文献
松岡享子『レクチャーブックス・お話入門6　語る人の質問にこたえて』東京子ども図書館，2011
東京子ども図書館『おはなしのろうそく』1～30巻　東京子ども図書館，1973～
小澤俊夫・赤羽末吉『日本のむかしばなし』全5巻　福音館書店，1995
文部科学省『幼稚園教育要領』2008
文部科学省『小学校学習指導要領』2008
厚生労働省『保育所保育指針』2008

第 5 章 Chapter 5 （桑名　惠子）

絵　本

1．絵本の定義

(1) 瀬田貞二から学ぶ絵本の定義

　絵本とは，絵とことばで物語や出来事・事物や現象を表現する，主に子どもを対象にした本である。子どもが育つ過程において，絵本の果たす役割は極めて大きいといえる。子どもたちの生活環境のなかに，絵本という世界がなければどうなるだろう。それを想像することができないほど，子どもの環境において絵本の世界は広く，深く浸透している。子育て中の家庭であれば，何冊かの絵本が子どもの傍らにある。また，乳幼児期に親しんできた絵本を大切に保存し，小学生，中・高生になっても何度も読み返し，絵本に触れるという人も多い。

　このように絵本は，子どもから大人までが楽しめる児童文化財のひとつである。では，はじめに先人たちは，絵本をどのようにとらえてきたのかを紹介する。

　わが国の児童文学作家で20世紀後半に児童文学研究者として活躍した瀬田貞二は著書『絵本論』のなかで，ニュージーランドの図書館員のドロシー・ホワイトの絵本の定義とも思われる次のような文章を紹介している。

　「絵本は，子どもが最初に出あう本です。長い読書生活を通じてひとの読む本のうちでいちばん大切な本です。その子が絵本のなかで見つけだす楽しみの量によって，生涯本好きになるかどうかが決まるでしょうから。

またそのときの感銘が，大人になって，そのひとの想像力を，ことあるごとに刺激するでしょう。だから，絵本こそ，力を尽くしてもっとも美しい本にしなければなりません。画家と作家と編集者とそしておそらく読者とが協力して，年上のひとたちの本の千倍もはなやかに魅力的にしなければなりません。彫刻や映画などと同じく，絵本は一つの美術形式なのです。

　また，実際すぐれた絵本は，膝の上で聞いている子にも，声を出して読んでやる親にも，楽しい印象を刻みつけるものです」

　この文章は，瀬田貞二が優れた絵本や児童文学の伝道者として，広く後世に伝えたかった絵本の定義としてとらえることができる。

(2) 育っていく子どもと本との出会い

　実際に保育実習等で子どもに絵本の読み聞かせを行う場合，学生から子どもの年齢に応じた絵本を，どのように選んだらいいのかと質問を受けることが多い。図書館や書店には，さまざまな絵本があり，どれを選んだらいいのかとまどうこともある。絵本とひとくちにいってもその種類は多岐にわたる。赤ちゃん絵本，創作・物語絵本，昔話・民話絵本，科学絵本，図鑑絵本，数・文字の絵本，言葉の絵本，写真絵本，文字のない絵本，しかけ絵本などその種類の多さは目を見張るものがある。また，絵本の分類法により，事物絵本，認識絵本，生活絵本などと分類されることもある。

　このように現在わが国では，絵本が豊富に出版されており，子どもの発達に応じて，また，ひとりひとりの個性に応じて，選択できる時代を迎えることとなった。

　では，ここで，前述の瀬田貞二の「絵本論」から，子どもの年齢毎の発達に応じた絵本の分類と絵本との出会いのプロセスを紹介する。

① ものの認識——　事物絵本

　ものごころがついて，しきりに「これ，なあに？」を連発しだす2歳ごろから，絵本は親しまれるという。2歳ごろの事物絵本は乗り物，人形，動物などくっきりと鮮やかに，かなり大きく，まぎらわしくなく描かれているものが望ましい。3歳ごろになると，事物の認識は細かくなるので，

単純すぎるものはきらわれる。図鑑の先駆けのようなものが喜ばれる。4歳ごろでは，2,3ページごとにお話がまとまっているもの。5歳ごろでは，絵本全体が1つの話の筋を追ってきているもの。

② 文字への興味―――　ABCの絵本

少し年齢が進むと，子どもたちは文字に興味をもつ。欧米では，ABCの絵本がさかんに与えられる。日本では「アイウエオ絵本」にあたるものである。欧米に比べると，日本ではこの種の絵本が少ない。

③ 物語の入り口―――　リズム絵本

3歳ごろから4歳ごろにかけて，筋のないお話や歌の本が好まれる。マザーグースの絵本や，わらべ歌絵本は筋がなくても，情感の統一性があり，体ごとで楽しみながら，覚えることができる。物語の入り口のような絵本である。

④ 物語絵本への準備

4歳ごろになると簡単な物語絵本がはじまる。筋というほどのストーリーはもたないが，それなりの山場と結末をつけて楽しむものである。

⑤ 物語絵本

4歳半ばごろから10歳ごろまでは，子どもたちは無限の空想をかきたててくれる物語の花園で過ごすこととなる。長短深浅，感覚的な愉快さから人生の象徴を示すものにいたる絵本に子どもは夢中で心躍らせることとなると瀬田貞二は述べている。

(3) 赤ちゃん絵本とブックスタート

前節で紹介した，ものの認識―事物絵本のなかで，瀬田は2歳ごろから絵本が親しまれると述べた。確かに瀬田が述べたように昭和時代の後半では，「赤ちゃん用の絵本」も数多く出回っておらず，子どもに絵本を与えるなら2歳ごろが適切だという認識が一般的だったと考える。しかしここ四半世紀前あたりから「赤ちゃん用の絵本」は「赤ちゃん絵本」という一定のジャンルとして，位置づけられるようになり，その絵本を与える時期も2歳より早く0歳からという流れが生まれてきた。ここで「赤ちゃん絵

本」について京都市家庭文庫地域連絡会の実践からその誕生の背景や推移などをみてみよう。

　1992年イギリス・バーミンガム市で「赤ちゃんに絵本を」という声とともに「ブックスタート」運動が広がり始めた。わが国では，2000年「こども読書年」で紹介されたことをきっかけに，「赤ちゃんと絵本を介して楽しいひとときをわかちあおう」という理念のもと，2001年に松居直を理事長とするNPO法人ブックスタート支援センターが設立された。時を同じくして，2000年，京都市では，京都市子ども文庫連絡会が母子手帳に添えて手渡す「赤ちゃん絵本」についてのリーフレットを作成した。それによると「赤ちゃんに絵本を－赤ちゃんの体においしいおっぱいが必要なように赤ちゃんの心には絵本が必要です」と述べられている。

　「赤ちゃんに絵本を」という活動は京都だけでなく全国で「ブックスタート」事業として広がり，多くの自治体がその主旨に賛同し，2014年2月28日現在で，1,742市区町村中866市区町村が事業として取り組んでいる。

　具体的には，自治体の母子保健や子育て支援に関わる関係者により実施され，保健センター等で行われる0歳児健診などで訪れた親子に絵本を手渡したり，実際に赤ちゃんに絵本の読み聞かせをしたりしながら，絵本の重要性を啓発している。このブックスタート事業により，赤ちゃんのときから絵本に触れさせる家庭が多くなり，赤ちゃん絵本が台頭してきたといえる。

　乳幼児期は脳の発達や感性が養われる最も大切な時期である。この時期に父母や保育者の語りかけにより，赤ちゃんは少しずつ言葉や動作を真似しながら，自分で表現するようになる。「ブックスタート」は絵本を介してこれらを実現しようとするものである。

　では，ここで，「赤ちゃんと本の出会い」について京都家庭文庫地域文庫連絡会の発行「赤ちゃんに絵本を読むということ」から，編集責任者の川端春枝が述べた文章を紹介する。

　「本をかじったり，なめたりするのが本との出会いだと，よくいわれますが，私はそういうのを本との出会いとは思いません。かじったり，なめ

たりするとき，本は赤ちゃんにとって単なる物体の一つにすぎません。

　何かの形が描いてある，読んでくれる人の声がある，めくると違う絵が出てくる，違う音（言葉）が聞こえる，絵と音（言葉）が結びつき，だんだん意味が感じられるようになる。本には「意味」が入っています。これはほかのおもちゃにはないことです。次はなんだろう，そのあとは……とページをめくる期待，きっと予想通りの絵が現れる安心。何回読んでもらっても同じ音，言葉が聞こえる嬉しさ。こういう経験が本との出会いではないでしょうか」

　この文章は，絵本を読んでもらう赤ちゃんの側から書かれている。絵本を学ぶ学生にとって，新たな気づきや共感を呼ぶものだろうと考える。

　では，次に全国の市区町村で実施されている，ブックスタートで取り上げられている人気の作品を紹介する。

　『いないいないばあ』（松谷みよこ文　瀬川康雄　童心社　1967年）

　世界中の母親や父親が，赤ちゃんに初めてみせるあそびのひとつ「いないいないばあ」を絵本で著したらこんな作品になったというような絵本である。「いないいないばあ　にゃあにゃがほらほら　いないいないばあ」と両手で顔を隠したねこが登場。顔を隠したねこをあてっこして次のページに進む。次のページは「ばあ」と顔から手をのけると，口をあけたねこが出てきて「ねこだったね」と子どもたちは大満足。その他にくま，ねずみ，きつねなど子どもたちがよく知っている動物たちが現れる。最後には人間の子どもが登場する。そこに描かれているのは，自分であり，自分が絵本の主人公になっている。

　子どもはリズミカルなことばの繰り返しを読み手とともに楽しみ，「いないいないばあ」の伝承あそびを体験していく。穏やかな淡い色彩で描かれた水彩画がやさしさを添えている。赤ちゃんにやさしさを届けるような気持ちで読んでみよう。

(4) 絵本の実例

次に実際に絵本を元に，絵本のなりたち，展開などを，瀬田貞二の絵本論にそって，検証してみよう。北欧民話の『三びきのやぎのがらがらどん』である。

『三びきのやぎのがらがらどん』（北欧民話，マーシャ・ブラウン絵，瀬田貞二訳，福音館書店　1965年）

3びきのやぎがそれぞれ草を食べるために山に登っていく。途中の谷川にトロルという化け物が住んでいて，それと闘って勝たないと山に登っていけない。3びきは力を合わせて，トロルを退治してしまうというストーリーである。

絵本論のなかで，瀬田貞二は幼児童話のコツとして，起承転結の重要性を説いている。すなわち，「はじめに状況の設定（だれがどこで何をしているということ）をくっきりしておき，事件が進行する。その過程に積み重ね法が使用され，クライマックスは積み重ねの頂上で予想外な展開を見せることがねらいになる。発端と進行とクライマックスと結びが典型的にがっちりと構成された幼児童話が日本では，じつにとぼしいのは，残念である。」と述べている。そして，漸層的な物語の代表として，この「三びきのやぎのがらがらどん」をあげている。この瀬田の論に従い，分析してみよう。

① はじめにやせたやぎがいる。食べ物がなくなってしまったところに住んでいるやぎは，橋をわたり，草のはえている山へ行かなくてはならない。……起
② 橋の下には，トロルという化け物が住んでいる。……承
③ 小さいやぎも中くらいのやぎも，次に大きなやぎがくるからと言ってトロルに期待させてうまく橋を渡る。
④ おおきなやぎの登場　トロルに戦いを挑んでいく。固いつのでトロルを負かせてしまう。絵本では，大きなやぎの迫力，戦闘場面のダイナミックな表現に物語のクライマックスをいやおうなしに感じる。

……転
⑤　やぎたちは，おいしい草を食べてお腹いっぱいとなり，幸福に暮らす。……結

　この展開は，簡潔で，やぎとトロルの会話だけでストーリーが淡々と進んでいく。この展開の見事さについて，瀬田貞二は，絵本論のなかで，次のように解説している。

　<u>「全体の簡潔な運びと簡潔な描写をみてください。無駄のないひとすじの話の髄，くだくだしさの一点もない必要なだけの効果で一気に発端，発展，クライマックス，結びの形式をつらぬいていきます。」</u>[1)]

　この瀬田貞二の説明を裏づけするのが，保育の現場で絵本を読み聞かせするときの子どもたちの反応である。この絵本を読み終えたあとの子どもたちの反応は実にみごとである。子どもたちは，しばらく無言である。

　低年齢の子どもの方が早く語り出す。「トロルこわかったね。大きいやぎが勝ったね」など。3歳児や2歳児は，物語について感想を口に出す。

　しかし，4，5歳児は物語に入り込んで，しばらくはぼう然としている。そこで，読み手はなにかを語る必要は微塵もない。子どもたちのイメージを大切にしてあげたい。コメントは極力避けるようにしなければいけない。子どもたちは，今，物語の余韻にひたっている。それを感じ取れる読み手を目指したい。

2．保育実習・幼稚園教育実習などですすめたい絵本

(1)　実際の絵本の読み聞かせ

　次に読み聞かせの事例を紹介する。保育・幼稚園実習での絵本の読み聞かせで参考にしてほしい。

「ぐるんぱのようちえん」（作：西内ミナミ　絵：堀内誠一　出版社：福音館書店）読み聞かせの事例

　一人で暮らしてきたぞうのぐるんぱが働きに出かけた。はじめは，ビス

ケット屋のびーさんのところ。ぐるんぱが焼いたのは誰も買ってくれない1個1万円の特大ビスケット。びーさんは「もうーけっこう」といってぐるんぱを追い出す。その後ぐるんぱは，靴屋，皿づくり，ピアノ，自動車工場で働くが，どこでも「もうーけっこう」と断られてしまう。しかし，子どもが12人もいるお母さんに子どもの相手を頼まれる。そこではぐるんぱが作った靴，皿，ピアノ，自動車が全部子どもたちに喜ばれた。うれしくなったぐるんぱは楽しいことがいっぱいの幼稚園を開くことになるというお話である。

　30年以上も前，子育て中だった筆者はこの絵本を長女，長男に毎晩のように読み聞かせをした。ぐるんぱがピアノで弾き語りをする場面では，即興でフレーズに合わせて，ぐるんぱの歌も作った。

　その長女が母親になり，現在子育て真最中。3歳の誕生日を迎えた孫のN男はこの絵本が大好きで，1日に2,3回読むとのこと。N男は2歳後半ごろから，乗り物の名称などの単語を話すようになっていたが，2語文，3語文を巧みに話すにはもう一歩というところだった。その彼がはまった絵本がこれ。彼はぐるんぱがビスケット屋のびーさんから「もうーけっこう」と追い出され，その後も出会った人から「もうーけっこう」を繰り返される場面が気に入ったようで，その場面になると得意満面で「もうーけっこう」という。彼のこの絵本のおもしろさのつぼは「もうーけっこう」というフレーズだった。

　筆者が，「お皿づくりのさーさんはぐるんぱに」と誘うと彼は必ず，「もーけっこう」というのである。この会話はしばらく続いた。

　これは家庭での読み聞かせの実践だが，保育の現場では，1冊の絵本をクラスの子どもたち全員に読み聞かせをするのだから，そのときの反応は圧巻だ。筆者は現在，大学の教員だが，35年間保育現場で保育士として勤務していた時代がある。その当時の思い出の中では，絵本の読み聞かせの場面が特に印象深い。読み聞かせをはじめると子どもたちは，絵本の世界にあっという間に入ってしまう。ページをめくるたびに新しい発見や驚きがある。あるときはお腹をかかえて笑い，あるときは真剣なまなざしでくいいるようにみつめる。

　そして，気が付いたら，隣の子ども同士が抱きあっている。こんな場面に出あうとき，保育の醍醐味を感じ，保育士になって本当によかったと感

第 5 章　絵本

じたものだった。
　子どもに感動を与えることができる喜びは何物にも代えられないものである。それゆえ、その手ごたえを感じることができるように、保育実習前には、絵本の読み聞かせなどの練習を入念に行うよう心がけたい。

(2) 保育・幼稚園実習において、絵本の読み聞かせを実施するためのアドバイス

A　絵本を選ぶ条件

① なぜその絵本を選んだのか。
② その絵本が好きだからと答えた人はなぜ好きなのか。どこにひかれるのか。
③ 選んだ絵本をどれだけ内容を読み込み、理解しているか。
④ 暗唱できるくらい読み込んでいるか。

　これらは、保育実習・幼稚園教育で絵本の読み聞かせをしようとする人はぜひ実践してほしい。実習生がはじめて触れる絵本を読み聞かせするのは避けてほしい。実習生自身が、大好きな絵本を選び、その楽しさや面白さを子どもたちに伝え、その思いを共感してほしいという思いを込めて、読み聞かせをすることが最も重要な姿勢である。そのためには、繰り返し音読し、練習を重ねることが大切である。

B　絵本の持ち方・読み方

　1対1で読むときは、子どもを膝にのせ、子どもが見えやすいように安定させ、子どもと一緒にページをめくるようにする。
　2人～3人を対象にする場合は、50cmほど子どもとの距離をとり、まず両手で自分の胸あたりに絵本を持ち、絵本の表紙を子どもに見せる。表紙の絵と裏表紙の絵が連続になっていたり、関連がある場合は、両方を広げて見せることが効果をあげることもある。そして、絵本のタイトルを読みあげる。タイトルを読むときは、子どもの顔をじっくり見よう。
　タイトルを読んでから少し間をとって、表紙に書かれている作者、訳者も音読する。

対象とする子どもが10人以上になると，読み手を中心に扇型に子どもの座る位置を定め，全員の子どもが絵本を見ることができているかを確かめて読むようにする。読み始めに子どもに，見えるか，また，声が聞こえるかなどを確認することが大切である。

　いよいよ本読みがはじまる。絵本が子どもに見えやすいように絵本を自分の右横か左横でしっかり支え，固定して読んでいく。慣れない実習生は絵本を支えきれず，絵本をフラフラさせたり，絵本の上から，頭や身体が覆いかぶさるように文字を読むケースもあり，肝心の絵が実習生の頭や身体と重なり，子どもに見えない場合もあるので注意する。何度も練習をして，絵本をしっかり固定して読む態勢を整えることが重要である。

　絵本を持つ右手は，親指は絵本の表紙を支え，絵の邪魔にならないように残りの4本の指で見開きの中央の下部をしっかり支える。表紙をめくってはじめてのページは，見返しのページである。ここで表紙と同じタイトルが出てくるが，繰り返し読むようにする。

　ページをめくるのは，左手である。前章で本の内容は暗唱するように述べたが，読み手は，絵本の内容を全部理解しておくために暗唱をするのであって，文字を読まないで，暗唱したことばを語っていくとなかには違和感を覚える子どももいるので，読み手は絵本に書かれた文字をゆっくりと自然な声で読んでいく。

　ここで注意したいのは，実習生が張り切って，声色を登場人物にあわせて，おおげさに変える場合がある。これは，不自然に聞こえる場合がある。

　また，聞き手である子どもたちの心の中に，声色により固定的な捉え方をするなどの影響を与えてしまうので避けたい。子どもたちが自分で感じる感性を引き出すことが重要である。

　前述の『ぐるんぱのようちえん』でいえば，ぐるんぱがいろいろな店を追い出されて，しょんぼり帰る場面では，少し音量を下げて，しょんぼりした感じを出す程度でよい。あくまでも自然な声で読み進めよう。

　読み終えたページをめくる前に子どもの表情をみることを忘れないようにする。子どもたちは読み聞かせが始まると，1ページ目から物語のな

第5章 絵本

かに入り込み，自分の想像力を働かせ，自分だけのイメージを作り上げていく。読み聞かせをしてくれている○○先生の存在も消えてしまうこともある。それだけ，絵本に集中しているのだ。読み手は間をとって，子どもの表情を読み取ってみよう。今，どれほど子どもが夢中になっているか。今どれほど想像力を働かせているか。実習生が子どもの思いを推し量るのはまだ難しいだろう。しかし，何らかの手ごたえは感じるはずである。

学生による絵本の読み聞かせ

C 読み終えたあと

実習生もその絵本を読みながらどのように味わったかを振り返ろう。聞き手である子どもたちの思いをその表情から子どもの思いを推し量りながら，読み手と聞き手が共感し，絵本の世界に入り込めたかを検証しよう。

読み終えたときは，余韻を楽しむために，表紙，裏表紙をもう一度子どもに見せながら，「面白かったかな？」「この絵本が私は大好きです」などと実習生のコメントを短く語るぐらいでよい。長々と解説を繰り返したり，絵本のお話を再現したりする必要はまったくない。

子どもたちの表情を見ながら，「では，これで絵本はおしまいにします」と締めくくろう。

表1　保育実習・幼稚園教育実習に向く絵本の紹介

作　　品	著　　者	出　版　社	出版年
いないいないばあ	松谷みよ子作 瀬川康雄　絵	童心社	1967年
はらぺこあおむし	エリック・カール作・絵 もりひさし訳	偕成社	1976年
おおきなかぶ	ロシア民話　A・トルストイ	福音館書店	1966年

タイトル	作者	出版社	出版年
三びきのやぎのがらがらどん	北欧民話　瀬田貞二訳　マーシャ・ブラウン	福音館書店	1965年
はじめてのおつかい	筒井頼子作　林明子絵	福音館書店	1977年
よあけ　※1	ユリー・シュルヴィッツ作・絵　瀬田貞二訳	福音館書店	1977年
『うさこちゃん』シリーズ	ディック・ブルーナ作・絵　石井桃子訳	福音館書店	1964年〜
わたしのワンピース	にしまきかやこ作・絵	こぐま社	1967年
いたずらきかんしゃちゅうちゅう	バージニア・リー・バートン作・絵　村岡花子訳	福音館書店	1961年
きんぎょがにげた	五味太郎作・絵	福音館書店	1982年
おおきなおおきなおいも	赤羽末吉作・絵	福音館書店	1972年
『こぐまちゃん』シリーズ	わかやまけん作・絵	こぐま社	1970年〜
がたんごとんがたんごとん	安西水丸作・絵	福音館書店	1987年
さんまいのおふだ	水沢謙一　再話　梶山俊夫　絵	福音館書店	1985年
ぼちぼちいこか　※2	マイク・セイラー作　ロバート・グロスマン絵　いまえよしとも訳	偕成社	1980年
ピッツァぼうや　※3	ウィリアム・スタイグ作・絵　木坂涼訳	セーラー出版	2000年
アンガスとあひる　※4	マージョリー・フラック作・絵　瀬田貞二訳	福音館書店	1974年
どろんこハリー	ジーン・ジオン作　マーガレット・ブロイ・グレアム絵　渡辺茂男訳	福音館書店	1964年
あおくんときいろちゃん	レオ＝レオニ作・絵　藤田圭雄　訳	至光社	1967年
ぐりとぐらのおきゃくさま	なかがわりえこ作　やまわきゆりこ絵	福音館書店	1966年
でんしゃにのって　※5	とよたかずひこさ作・絵	アリス館	1977年

第 5 章　絵本

絵本一覧から※の絵本を紹介する。

『**よあけ**』ユリー・シュルヴィッツ作・絵　瀬田貞二訳　福音館書店　1977年

　おじいさんと孫が湖のほとりで静かに夜明けを体験する。水墨画を思わせるような静かな世界。詩のような言葉が胸に響く。いつもとはちがう静かな絵本も子どもは好む。幼児向き。

『**ぽちぽちいこか**』マイク・セイラー作　ロバート・グロスマン絵　いまえよしとも訳　偕成社　1980年
のんびり，おっとりやのカバ君がいろいろな職業に挑戦。消防士，船乗り，飛行機のパイロットをはじめ，バレリーナなども目指す。ところが何をやっても失敗の連続。ちょっと待って。ハンモックに揺られながら，

カバは「ぽちぽちいこか」と考える。ユーモアたっぷりの関西弁と単純でわかりやすい絵で子どもには大好評。3歳頃から小学生低学年でも喜ばれる。

『**ピッツァぼうや**』ウィリアム・スタイグ作・絵　木坂涼訳　セーラー出版　2000年

　ウィリアム・スタイグはニューヨークで活躍した絵本作家であり，漫画家でもある。彼の代表作「ロバのシルベスターとまほうのこいし」は，1970年に絵の表現力を重視するといわれるアメリカのコルデコット賞を受賞している。『ピッツァぼうや』は，雨のため，外で友達と遊べず，不機嫌きわまる男の子を，父親が何とか機嫌をなおす方法がないかと考える物語。その方法とは男の子をピッツァに見立てて，あつあつのピッツァに仕上げる。アメリカの家庭風景が垣間見える。3歳ごろから楽しめる。

『アンガスとあひる』マージョリー・フラック作・絵　瀬田貞二訳　福音館書店　1974年

　何でも興味津々の子犬のアンガスが，柵を越えて冒険に行く。そこで出会ったあひるを追いかける。そのときの得意満面のアンガスが楽しい。しかし，逆にあひるに追いかけられ，アンガスはさんざんな目にあう。結局，アンガスは家へ帰り，ソファーの下にもぐりこむというストーリー。訳者の瀬田貞二は子どもの絵本の基本は「行って帰る」形式であると説いている。そして，本書を「行って帰る」の代表作として評価している。

『でんしゃにのって』とよたかずひこさ作・絵　アリス館　1977年

　うららちゃんシリーズの1冊。電車に乗ってうららちゃんはひとりでおばあちゃんのところへ出かける。ガタゴトーガタゴトーと揺れる電車に乗り込んできた客は，わに，くま，ぞうと不思議なことに動物ばかり。乗り込んだ客が席をゆずりあって電車のなかはほのぼの。うららちゃんがうたたねしている間に「ここだ」駅に到着。みるとおばあちゃんが迎えにきてくれていた。2歳ごろから親しめる絵本。

【引用文献】
(1)　瀬田貞二『絵本論　瀬田貞二　子どもの本評論』福音館書店，1985
(2)　京都家庭文庫地域文庫連絡会『赤ちゃんに絵本を読むということ』2008
(3)　桑名惠子「瀬田貞二の幼い文学」『千里金蘭大学紀要』2006
【とりあげた絵本】
松谷みよ子文，瀬川康男画『いない　いない　ばあ』童心社，1967
マージョリー・フラック作・絵　瀬田貞二訳『アンガスとあひる』福音館書店，1974
北欧民話，マーシャ・ブラウン絵　瀬田貞二訳『三びきのやぎのがらがらどん』

第5章　絵本

福音館書店，1965
ジーン・ジオン作　マーガレット・ブレイ・グレアム絵　わたなべしげお訳『どろんこハリー』福音館書店，1964
にしまきかやこ作・絵『わたしのワンピース』こぐま社，1967
バージニア・リー・バートン作・絵　村岡花子訳『いたずらきかんしゃちゅうちゅう』福音館書店，1961
五味太郎作・絵『きんぎょがにげた』福音館書店，1961
赤羽末吉作・絵『おおきなおおきなおいも』福音館書店，1972
わかやまけん作・絵『こぐまちゃん』シリーズ　こぐま社，1970〜
安西水丸作・絵『がたんごとんがたんごとん』福音館書店，1987
水沢謙一　再話　梶山俊夫　絵『さんまいのおふだ』福音館書店，1985
マイク・セイラー作　ロバート・グロスマン絵　いまえよしとも訳『ぼちぼちいこか』偕成社，1980
ウィリアム・スタイグ作・絵　木坂涼訳『ピッツァほうや』セーラー出版，2000
エリック・カール作・絵　もりひさし訳『はらぺこあおむし』偕成社，1976
ロシア民話　A・トルストイ　『おおきなかぶ』福音館書店，1966
筒井頼子作　林明子絵『はじめてのおつかい』福音館書店，1977
ユリー・シュルヴィッツ作・絵　瀬田貞二訳　『よあけ』福音館書店，1977
ディック・ブルーナ作・絵　石井桃子訳『うさこちゃん』シリーズ　福音館書店，1964
レオ＝レオニ作・絵　藤田圭雄　訳『あおくんときいろちゃん』至光社，1967
なかがわりえこ作やまわきゆりこ絵『ぐりとぐらのおきゃくさま』福音館書店，1966
とよたかずひこさ作・絵『でんしゃにのって』アリス館，1977

第6章
紙芝居

Chapter 6 （溝手　恵里）

1．紙芝居の歴史

　日本には古くから，絵解きやのぞきからくりという，絵と語りで物語が展開する独自の文化財があった。現在紙芝居というと，一般に「平絵」をさすが，その起源は古く，江戸時代末期の「写し絵」(上方では錦影絵)に遡る。「写し絵」はスライド（ガラスに絵を描いたもの）を工夫し，拡大映写した動く映像であり，1803（享和3）年に初演されたという。今でいうアニメーションの元祖というべきものであったが，操作者や下座（三味線などの音楽）に人手がかかることやら，無声映画の輸入などの影響で写し絵は衰退した。そして明治30年代になって，紙に白い線や色で絵を描き，余白を黒く塗り竹串をさし込み，黒幕の前で演じる「立絵」（たちえ）が考案された。「立絵」は小さい舞台で一人でも上演でき，鏡を利用した舞台で人形も楽に動かせたりした。立絵は，紙の人形が自由に動き芝居をしたので，「紙芝居」とも呼ばれたという。

　やがてより簡単で劇的な方法が求められ，昭和5（1930）年に現在の形の「平絵」の紙芝居へと発展した。平絵は構造も単純で，上演も簡単だったので，すぐに普及

写真1　立絵資料[1]
（埼玉県立歴史と民俗の博物館所蔵）

して子どもたちの人気を得た。平絵は当初は手描きで路地や公演などで，飴の販売等と共に上演されたため，「街頭紙芝居」と呼ばれていた。

1933（昭和8）年，紙芝居の教育性に着目したキリスト教伝道師の今井よねにより，「キリスト教紙芝居」が作られた。聖書物語を中心に紙芝居化，印刷，量産され，教会や幼稚園などに

図1　街頭紙芝居

広がった。後に内山憲尚による「仏教紙芝居」，さらに1935（昭和10）年，高橋五山による「幼稚園紙芝居」が生まれて，紙芝居は「教育紙芝居」として教育分野にも導入された。が，戦時中は「国策紙芝居」として，戦争への協力を余儀なくされた。

戦後になり，街頭紙芝居は一時盛んだったが，テレビの出現や社会の急激な変化により衰退した。しかし，教育紙芝居は戦争協力への反省の下，民主主義推進を掲げて再生され，児童文化や教育・保育の現場に定着し，現在にいたっている。このように，紙芝居は古い歴史を持つ日本独自の文化財である。

近年は手作り紙芝居にも関心が寄せられ，大阪の「箕面紙芝居コンクール」などを通して優秀な作品が生まれている。また，ベトナムやラオスなどにも紙芝居が紹介され，現地の紙芝居作家も生まれている。

2．紙芝居の特徴

紙芝居は，「絵」・「文章（脚本）」・「語り（口演）」から成り立つ。

何枚かの紙に物語の絵が描かれ，その1枚の絵には劇的場面が表され，主人公の動きや情景がわかりやすく描かれている。裏にはセリフを中心にした脚本の文章が書かれていて，演者は絵の描かれた紙芝居を横に抜きながら，その文章を語りで演じる。

このように，物語が絵と語られる言葉の双方から伝達されるので，見る側からも，たいへん具体的で理解しやすく楽しい。

　また口演によって上演されるので，演じ手の語りに対して，観客である子どもたちは笑ったり，声を出したりして反応がすぐ返ってくる。その反応は，演者の上演にすぐさま影響を及ぼし，より巧みな演技を引き出す。また，子どもたちは怖いところでは，肩を寄せ合ったり，面白いところでは顔を見合わせて笑ったりして共感しながら楽しむのである。このように，演じ手と観客や，観客同士の交流が重なり合いながら上演が完成され，さまざまな人間関係が深まるという長所がある。

　更に，紙芝居は難しい構造もなく取扱いが簡便で，演者がどこでも手軽に上演できるうえに，自作も可能である。そして，鮮明な絵柄，縁取り，遠見がきく絵などの工夫がある小集団向けの文化財である。

　また，中川正文は子どもにはバランスのとれた文化的経験が必要と説いた上で，紙芝居はテレビのような具体的な文化と文学のような抽象的な文化のちょうど中間にあり，両方の長所を兼ね備えていると述べている。紙芝居は絵によって，最も基礎になる映像が届けられる。絵は静画であり，単に視覚的表現しかできないし，モノもいわない。しかし，それに物語や言葉が，演技によって加えられることによって，動かない絵が動いたと思い，こぼさない涙をこぼしたと想像して受容する。つまり映像のもつ客観的な要素と物語や言葉による想像が加わって，誰にでも容易に，また心の底深く感動をもたらす。─そういう綜合的な，完結性をもった中間の文化─それが紙芝居なのである。[2]

　紙芝居はこのような特質を持ち，幼児は楽しみながら絵と語りを通して物語を集団で共有しつつ経験でき，そしてさまざまな交流を通して社会的にも成長できる教育的効果の高い優れた児童文化財であると言える。

3．紙芝居の種類

　紙芝居は一般的には平絵が主であるが，立絵・ペープサート，パネルシ

アター等，手づくりのものを含めると，次のような種類がある。手づくりの紙芝居のよさは，保育者自身が保育のねらいに即して表現方法を選ぶことができることである。

1）立絵・ペープサート

立絵は前述したように，紙に白い線や色で絵を描き，余白を黒く塗り竹串をさし込んだ人形で，黒幕の前で演じられる。表裏の絵を変えての人形の反転や，ふきかえにおもしろさがある。現在では，戦後に命名されたペープサートという名が一般的である。白い余白などが立絵と異なるが，基本的にはあまり変わらず，本来の呼び方も大切にしたい。

2）平絵

物語を連続的に描いた絵を，一枚ずつ引き抜きながら劇的な語りで展開する紙芝居である。詳細はこの章で述べる。

3）パネルシアター・フランネルグラフ

絵を切り抜き，裏面にフランネルを貼り，フランネル地のボードに貼りつけながら，語りで物語を進めていく絵話のことを，フランネルグラフといった。貼る絵の素材を不織布（Pペーパー）にしたものはパネルシアターとよばれ，よく利用されている。しかし最近，技巧を凝らしすぎたために，想像の余地のない具体的すぎる表現もみられる。パネルシアターの重ね貼りなどは意外性があるが，過剰な演出はその部分のみに興味が集中してしまい，中間文化としての紙芝居のよさを半減してしまうことがある。物語の内容に即して，何を具体的に表現し，どこに想像の余地を残すか，よく吟味することも必要だろう。

4）「めくり絵」

数枚の紙に，物語の登場人物や背景を描き，掛図のようにかけ，めくりながらお話を進める。お話を進めるために，多少のからくりを仕掛けてもよい。

5）「立体紙芝居」

綴じた用紙を開くと，人物などが起立して場面が立体的に表現される。ポップアップ絵本に似ているが，本質的には，明治，大正期に流行し，扮

装した人間が無言静止の姿勢で歴史の一場面や名画などを演出してみせる活人画の構成に近い。

6)「巻きとり絵」

絵巻もののように，一方向に巻きとることでお話が進んでいく。絵が連続しているので，制約はあるが，その特徴を生かして場面の連続性や人物の向きなどを工夫して製作すれば効果的な紙芝居になる。

写真2　立体紙芝居

以上の紙芝居は，演じ手が絵を見せながら，お話を口演しつつ上演する。

4．紙芝居の演じ方

紙芝居を演じるときは，まず紙芝居の構造をよく理解してから演じなければいけない。

紙芝居は，何枚かの紙でできていて，1枚の紙には表に絵が描かれ，裏にはセリフとト書きと地の文からなる文章（脚本）が1枚前の紙にずらして書かれている。演じ手は絵の描かれた紙芝居を右に向かって横に抜きながら，その文章を語る。

集団向けの文化財なので，絵は縁取りのある遠見のきくはっきりとした絵が描かれている。めくる絵本と違い，横に絵を抜いていくので，その過程で必ず1枚目と2枚目の絵が連続して見えることになる。ゆえに絵の連続性が大切で，色や形や線などの連続性を活かすことができる。

以下，紙芝居の構造に触れながら，演じ方について説明する。

(1) **上演の準備をする**

紙芝居の順序を正しく並べ，十分に下読みする。絵と文章のかね合いや抜き方を，よく確認した上で丁寧に練習する。手軽に上演できるからと言ってこれを怠ると，紙芝居の順番を間違えたり，抜き方を失敗したりするこ

第6章　紙芝居

とがあるので，十分に気をつける。

　また，その紙芝居のテーマや背景，観客の対象年齢や，何のために演じるのかなどよく吟味することで，上演がよりよいものになる。

(2) **演じ手の位置などについて**

　演じ手は舞台の横に出て演じるのが一般的である。そして，観客と目線や声でコミュニケーションをとりながら演じる。また，観客が演じ手の方を見る時，画面のほうを見る時を使い分け，つまり視線の誘導を適切に行うことが大切である。

　内容によって絵だけに集中させたい時は，後ろに隠れて演じる場合があってもよい。

図2　演じ手の位置

　また，演じ手は絵を邪魔しないような地味な服装が望ましい。保育室ではないだろうが，大きなイヤリングなどのアクセサリーなども身に着けない。派手な服装は，演じ手にばかり目が行ってしまい，紙芝居自体を楽しめない。

　紙芝居は芝居（演劇）ではあるが，画面の登場人物が演じているように口演するという意味での芝居であって体を動かしての表現をいうのではない。だから，情景に合わせて手を動かしたり，移動したりはしない。

(3) **語りについて**

　裏の文章を読みこなして，絵を意識しながら語る。裏の文章は脚本になっていて，セリフとト書きと地の文からできている。セリフの部分は登場人物になったつもりで，地の文はナレーターになったつもりで演じる。また，「悲しそうに」，「大きな声で元気よく」など演出が書き込まれているので，それを十分に活かす。

　しかし，無理な発声や声色は使わず，自然な発声で語る。絵と語りで一つの紙芝居の上演が完成するので，絵を意識しないような過剰な語り口は

かえって上演の効果を妨げる。

　また，紙芝居では，演出効果を上げるように，自分で工夫することが大切である。例えば，情景に合わせてゆっくり語ったり，早く語ったり，声の大きさを変えたりして単調にならないようにして変化のある語りにする。また，セリフとセリフのあいだや場面や状況が変わるときなどに，「間」をとると全体的にリズム感が生じる。特に子どもたちに対しては，紙芝居の内容が受け入れやすいように，間をたっぷりとると効果的である。

(4) **抜き方について**

　紙芝居では，抜くということは大切な演出で，その抜き方が指示されている。

　抜き方には次のような意味があり，そのタイミング次第で上演が成功するかどうかに影響するので，スムーズにできるまで，よく練習する。

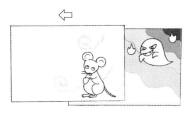

1 ）抜く……段落，場面が変わる。
2 ）抜きながら……1枚目と2枚目に絵の連続性がしっかりとある。
3 ）ゆっくり抜く……場所が変わる，時間が経過するなどの効果を出す。

図3　2枚で3場面を表現

4 ）早く抜く……緊迫した場面を表す。
5 ）指定されたところまで抜く……1枚目の絵の一部と2枚目の絵の一部で1場面が構成され，その2枚で何場面かを表す。
6 ）揺らす，小刻みなど抜くなど……例えば地震や電車の発車など状況に合わせた効果を出す。

(5) **舞台の使用**

　舞台は紙芝居のよさを生かすためにも必ず使う。なぜ舞台が必要かというと，まず画面が安定するからである。保育の現場では，舞台を使用しないことがたまにあるようだが，たいへん不安定であるし，せっかくの紙芝居の楽しさが味わえない。早くぬく，途中まで抜くなどの抜く効果も舞台

にいれることで発揮される。

　また，本来は紙芝居の背後は装飾も何もない壁が望ましいが，保育室のように物が置かれて雑然としている場所でも，舞台を使うと，他のものを遮断して画面が見やすい。

　さらに，舞台を使うことは物語の入り口を表していて，現実とは違うもう一つの世界へ子どもたちを誘うことにつながる。舞台のふたを開けて紙芝居が始まった時，子どもたちは現実の世界から紙芝居の世界へと入り込む。そして登場人物に自己同一化したりしながら，十分に内容を楽しんだのち，「おしまい」とふたが閉められた時，現実の世界へとまい戻る。

　このように，紙芝居の上演を成功させるためにも，子どもたちがもう一つの世界を十分に楽しむためにも，舞台は必要である。

(6) 環境の設定

　まず，背後に物や装飾などがない場所を選ぶ。衝立などをおいてホリゾント替わりにするのもよい。舞台を置く台の高さや，観客との距離に気を付ける。台の高さは子どもたちが椅子に座っているか，床に座っているかで変わってくる。

　また距離については，子どもは前に来たがることがあるが，少し離して最前列や最後列の子どもの仰角や姿勢に無理がないように配慮する。

　そして，子どもたちの座る場所が横に広がりすぎていないかなど，実際に，子どもを座らせる場所に座って，子どもの目の高さから紙芝居を見てみるとよい。いずれにしても，観客全員から公平に紙芝居が見えることが重要である。

　暗い場合は紙芝居に照明を当ててもよいが，画面が光らないように注意する。自然光では逆光を避け（特に窓の前などは避ける），紙芝居自体が明るくよく見える場所で演じる。

5．紙芝居の製作方法

　先に述べた紙芝居の特徴をよく理解してから作る。よくわからなければ，評価の高い紙芝居を多く見て，そこから学ぶことを勧める。

1）伝えたいテーマを決め，紙芝居の筋を考える

　最初は，身近で感動したことやおもしろかったことなどを取り上げると作りやすい。が，作品には必ずテーマがあり，作者の思想が反映される。子どもたちが紙芝居を経験した後で，少しでも成長できる内容を考えたい。

　また，よく「好き嫌いをしない」などといった生活課題をテーマに設定することがあるが，そのまま直接的な話にするとはじめから筋が予測できて，説明的なものになってしまう。話としてのおもしろさが出るように，登場人物を工夫したり，ドキドキするような事件を挿入したりしてドラマティックな内容にするとよい。

　そして，起（物語の発端）承（展開部分）転（クライマックス）結（結末）のある構成を考え，展開の部分で伏線を敷くと，より内容に起伏ができる。

2）文章（脚本）を書く

　文章は，出ている画面の一枚前の画面の裏にかくことになり，1枚ずらして書く。文章の長さは，出ている場面の露出の時間を決めることになるので，よく吟味する。同じ長さの文章や，長すぎる文章は適さないので，短い文章も織り交ぜて変化をつけるとよい。会話を中心にした脚本の形式で，子どもたちに伝えたい簡潔で美しいことばを選ぶ。また，絵で描かれていることを文章で改めて書く必要はない。

3）場面割をする

　内容をいくつかの場面に分ける。場面数は自由だが，幼児向けの場合，あまり長い枚数は適さない。既成の紙芝居では，用紙の関係もあり8場面から12場面くらいが多い。

　物語を均等に分けず，早く抜く緊張感のあるところ，説明的なところなどを織り交ぜて変化のある紙芝居の構成を考える。紙芝居の場面転換は特に重要で，紙芝居の効果が出るように十分に考える。また，紙芝居は表紙

第6章 紙芝居

から始まるので表紙にも物語性のある絵を描き，文章もあわせて考える。

一度，見本（ダミー）として小さな紙芝居をつくってみて，画面，文章，抜き方，演出などを実際にやってみる。そうやって構成をよく考えてから本書きをするとよい。

4）絵をかく

絵は，遠見のきく（遠くからみてもよくわかる）はっきりした絵を描く。

主人公や大切な登場人物や物などは大きく描き，必ず縁取りをする。縁取りは筆で描くのがよく，色は黒色が一般的であるが，見えにくい場合は色を変えてもよい。

絵は，必要なものだけを描き，例えば空がある場面では，物語の筋に関係ない太陽，雲などは，省略する。

表紙には題を大きくわかりやすく書き，表紙から話が始まるようにする。

絵は昔話に適した絵，面白い話に適した絵など，内容に即した自分自身の絵を描く。意味もなく漫画的な絵や，アニメーションやキャラクターを真似た類型的な絵はあまりよくない。子どもたちに，伝えたい内容が活かされる絵を描くことが大切である。そして，吹き出しや汗など，漫画的手法は用いない。

そして紙芝居の画面は右から左へと抜かれることを考慮して，絵の向きをよく考える。

特に，画面の右半分は最初に現れて最後まで残る。次の場面に移るときにも，まず最初に見えることになる。ゆえに，重要な人物やもの，初めに登場する人物やものは右側に書き，去っていく人物やものは左半分にかくとよい。

図4　右半分に重要人物を描く

先に述べたように，連続性を活かすことが大切である。背景の色を連続させたり，形や線を連続させたりできる。

紙芝居は過去に映画と共に発展した経緯もあるが，映画的手法，例えばクローズアップ，ロング（遠景），カットバック（二つの場面を交互に挿入して劇的効果を高める技術）や俯瞰図などを，話の筋にあわせて効果的に使い変化のある大胆な構図を考える。

色は，ポスターカラーなどではっきりと塗る。色鉛筆やクレヨンなどは適さない。登場人物ははっきりと描き，主人公など同じ色のものは，先に全体を通して塗る。

背景はそれを活かすような色やものにする。そして描きこまず，なるべくシンプルにして登場人物を際立たせる。

図5　ロング，アップ

また，紙芝居の色の流れも話に合わせて考えていくと色の連続性を活かした紙芝居になる。当然，ものの連続性にも注意することを忘れない。

さらに紙芝居にも差し込みという仕掛けが可能で，実際に絵を動かすことができ，効果的に使うことができる。

図6　連続性を活かす

5）子どもが作る紙芝居

子どもたちが紙芝居を十分に楽しむと，自分たちから作りたいと声が上がることもあるだろう。また，保育の指導計画の中で紙芝居作りを取り上げる

図7　差し込み

こともあるかもしれない。
　どちらにしても，まず子どもの発想を大切にすることが求められる。
　製作する場合は，お話の進め方や場面や絵の描き方など紙芝居の特徴を，わかりやすく説明しながら子どもが自主性をもって製作できるように指導する。そして製作の最中，助言はしてもよいがけっして大人が絵に手を入れない。
　グループで製作し発表すれば，子どもは社会性や表現力なども身につけることができ，教育的効果も高い。さらに，どんな紙芝居ができたかという結果も大事だが，製作の過程で子どもたちがいかに成長したかを重要視することは言うまでもない。

６．紙芝居の選び方

　１）対象年齢を考える。子どもの発達段階に適しているか，その年齢の子どもの興味や経験に即しているかどうか点検する。
　２）保育のねらいと作品のテーマや題材が一致しているか吟味する。
　３）話が簡潔で興味深く，紙芝居の特徴をいかした芸術的な作品であるものを選ぶ。

　紙芝居は保育教材として有効なものであるが，選び方や上演の方法を誤ると，ただ幼児の表面的な興味だけを満たしてテーマを伝える力を弱めたり，子どもが受動的に紙芝居を受け取るだけになってしまう恐れもある。また演じ手の練習不足や，演出の工夫がなければ，ただ間に合わせに使ったりする恐れもあり，子どもたちは劇的な感動を経験できないことになる。保育者は，事前の十分な教材研究や上演への配慮を怠らないことが大切である。

〈すすめたい紙芝居〉
「ねことごむまり」　作　与田純一　画　安　泰　童心社　1973
　　ころがるものが大好きな二匹のねこが，ごむまりを探してころがるも

のとたわむれるお話。安の猫の絵と詩人の与田のことばが秀逸である。第13回高橋五山賞受賞。(幼児向け紙芝居の生みの親，高橋五山氏の業績を記念して，優秀な作品に贈られる賞)

「ごきげんのわるいコックさん」　まついのりこ・ひょうしぎ　童心社　1985

観客がコックさんに呼びかけたりして紙芝居に参加して展開する参加型の紙芝居。ごきげんの悪いコックさんの顔が横にのびたり，ぐにゃぐにゃになったりする楽しい紙芝居である。キャンデーが増えていくところなど紙芝居の効果が活かされている。

「にげたくれよん」　作　八木田　宣子　画　田端精一　童心社　1973

赤いくれよんが「すきなものがかきたい」とにげだして自由に，いろいろな絵を描く。次に描く絵を当てながら楽しめ，子どもも絵を描きたくなるような紙芝居。単純明快な絵に線の連続が活かされている。

「こねこのしろちゃん」　脚本　堀尾青史　絵　和歌山静子　童心社　1988

まっくろなねこのお母さんから生まれたしろいねこが，お母さんや兄弟たちのように，黒くなりたがってちいさな冒険をする。しかし，さいごには白いままでもよいと思う心温まる結末がある。他の画家による同名の絵本もある。

「おねぼうなじゃがいもさん」　原作　村山籌子　脚本・絵　村山知義　童心社　1971

喧嘩をしているじゃがいもとにんじんが市場へいくたまねぎを送りに駅に向かう。寝ぼすけのじゃがいもはなかなか起きず，寝ぼけながら電車に乗ってしまうが結局みな無事市場に着き，仲良くいつも一緒に料理されるようになった。村山知義の独特の絵が印象的である。

「ふうちゃんのそり」　脚本　神沢利子　絵　梅田俊作　童心社　1985

ふうちゃんが，おじいちゃんが作ってくれたソリですべるが，スピードが出すぎて宙をとび，クマの穴におちてしまう。が，クマのお母さんによりそってあたたかくねむり，翌朝無事家に帰るというお話。そりが宙をとぶところに迫力がある。

「おひるのおうさま」　脚本　堀尾青史　画　田島征三　童心社　1970
　　アヒルは王様にお金をかしているので返してもらいにいく。欲張りな王様を相手に，道中であった狐や川や蜂などを味方にしながら色々な手段で戦い，最後には王様になる。田島征三のダイナミックな絵が面白い。フランスの昔話。

「てんとうむしのテム」　脚本・絵　得田之久　童心社　1970
　　てんとうむしのテムは一緒に散歩をする友達を探すが，なかなかいない。怖い虫に襲われそうになったり，逃げられたり，だんだん心細くなるが 最後は仲間のてんとうむしに出会うことができる。登場する虫の特徴や生態をよくとらえた紙芝居。

「やぎじいさんのバイオリン」　原作　ハリス　脚本　堀尾青史　画　岡野和　童心社　2007
　　道に迷ったやぎじいさんが，オオカミの小屋に迷い込むが，得意のバイオリンを弾きはじめると，その音色に，オオカミ夫婦は胸が苦しくなるほど感動してしまい，やぎじいさんは命拾いする。音楽の力の強さを感じ取れる紙芝居。

引用・参考文献
1）「埼玉県立歴史と民族の博物館」では，「写し絵　伴五郎」として所蔵されている。立絵は，演じられていた当時は一般的に「写し絵」と呼ばれており，後に「立絵」と称するようになった。
2）中川正文，紙芝居つくり手たちの旅立ち，箕面手づくり紙芝居コンクール名誉審査委員長中川正文　ひろがれ紙芝居，人と本をつむぐ会，2012

中川正文他編『幼児言語教育法・実技編』東京書籍，1972
石山　幸弘『紙芝居文化史—資料で読み解く紙芝居の歴史』萌文書林，2008
小沢昭一他編『えとく　紙芝居　のぞきからくり　写し絵の世界』白水社，1982
紙芝居を作る会，子どもの文化研究所編『手作り紙芝居』童心社，1978
西山三郎他『シリーズ・子どもとつくる26　紙芝居をつくる』大月書店，1990
まついのりこ『紙芝居・共感のよろこび』童心社，1998

第 7 章
人 形 劇

Chapter 7　（浅野　泰昌）

はじめに

　人形劇は，乳幼児から高齢者まで多くの人々が幅広く楽しめる文化芸術である。日本においては，特に乳幼児に対して鑑賞の機会が豊富に用意されており，その発達段階に適合する児童文化財として認識されている。子どもが生まれて初めて接する舞台芸術は人形劇であることも多く，保育や教育に携わる者が，人形劇に関する学びを得ることは意義深い。子どもの豊かな文化的環境を整え，その一次体験を提供するために，人形劇に関する基礎的な理解を深めよう。ここでは，先ず，人形劇の歴史や特徴，独自性について学ぶと同時に，その表現方法や種類について概観する。次に，保育や教育における実践について考察し，制作と上演の知識と技術の要点について述べる。

1．人形劇の起源と多様性

　私たちに身近な舞台芸術である人形劇は，物語の展開を伴う時間芸術であり，視聴覚の両面に働きかける総合芸術の側面も併せもつ。
　その起源については諸説があり，例えば，川尻泰司（1968）は，人間が自らを周囲の自然から区別して客観的に認識し，その形や動きを形象化して人形をつくり出したことを起源として捉えている[1]。また，南江治郎（1968）は，人形が神と人間を仲介する形代であったことに起因する「宗

教系」の起源と，各地を移動していた漂泊民の芸能が発達し形式化したことに起因する「ジプシー系」の起源の2つを挙げている[2]。いずれにしても，人形劇は，人形という生命を持たない物体に対して，霊魂や心性を感じ取ったり，神や物語の登場人物などの役割を演じさせ象徴させたりする人間特有の機能（文化人類学における原初的な「アニミズム」）に基づいたものであり，長い歴史の中で培われてきた文化のひとつである。

　人形劇が，私たち人間と不可分なものであることを裏付けるように，現代においても，それぞれの歴史的背景と表現形式を持つ伝統的な人形劇が世界各地で演じられている。例えば，日本の「人形浄瑠璃文楽」，中華人民共和国の「泉州の糸操り人形劇」や「影絵人形劇」，インドネシア共和国の「ワヤン」，カンボジア王国の「クメールの影絵劇」，イタリア共和国の「シチリアの操り人形劇」などは，国際連合教育科学文化機関（United Nations Educational, Scientific and Cultural Organization）（ユネスコ）により「人類の口承及び無形遺産の傑作」として宣言され，「無形文化遺産」として登録されている。このように，私たちの生活の中に人形劇の文化は根づき，今でも息づいている。

2．人形劇の特徴

　人形劇は，人形によって登場人物を演じる演劇である。人形は本来，生命を持たない物体であるが，演者に操作されることにより，感情や意思を持っているように動き，表現をする。この人形のことをパペット（puppet）と呼ぶ。これは雛人形などの置き人形（doll）と異なり，動かすことを前提とした劇用の人形を指し示す言葉である。

　人形劇においてパペットを操作する演者のことを「人形遣い」と表現することがある。この「遣う」という言葉は，「人形や動物などを自分の意図通りに動かす」ことを意味する。それでは，人形劇における人形遣いの意図とはなんであろうか。それは，パペットに生命感を与えることである。C. オブラスツォーフ（1964）は，これを「アニメイション」（「anima＝生命」

を与える）と表現して，人形劇独自の特徴と位置づけた[3]）。演劇においては，俳優は「人間」から「役」へ変身することで表現を行う。これに対し，人形劇においては，パペットは「無生物」から「生物」へ質的に変容し表現を行う。本来は生命を持たない物体を生きているように操作し，生命感を付与して演技の主体とする演劇が人形劇であり，ここに本質的な特徴がある。

　一方，幼児期の子どもには，周りの事物にも自分と同じような生命や心を持つと考える傾向が見られる。これは，幼児の自己中心性の特徴としてJ. ピアジェによって提唱された「アニミズム」と呼ばれる概念であるが，ここに人形劇と幼児の深い関連を見出すことができる。つまり，パペットという「物」に生命感を付与して表現する人形劇と，「物」から生命感を感じ取る感性が豊かな幼児との間には，本質的な共通点があると考えられる。したがって，人形劇は，「生命感の付与と感受」という点において，幼児の発達段階に適合し，彼らが受容しやすい舞台芸術として位置づけられるのである。

　また，人形劇は，アニメーションなどの視聴覚文化財と同様に，空想の世界を表現するのに適している。昔話やファンタジーやSFでも，登場するのが人間以外の存在であっても，パペットによって自由に，実体のある存在として描き出すことができる。さらに，人形劇を直接鑑賞する場合は，空想の世界が現れるのは，テレビ画面やスクリーンの向こう側でなく，鑑賞者と同じ時空間である。これは，幼児に限らず全ての鑑賞者に感動と喜びを与える。

　物体であるパペットは，その表現に制限がある。例えば，人間ほど自在に表情を変えることはできない。だからこそ鑑賞者は，その動かない表情の裏にある感情を推しはかる。物語の展開や状況を追い，パペットの動きや言葉からその内面を読み取り，自らの経験を重ね合わせて感情移入しながら，より能動的に視聴することになる。人形劇は，パペットを通して表現するために制限を持つが，それゆえに，鑑賞者の創造的な想像力を喚起し，より積極的な視聴を促して補完される。パペットによる表現は，鑑賞

第 7 章　人形劇

者の想像力によって支えられ，人形劇に無限の可能性を与えるのである。

3．人形劇の方法とパペットの種類

　人形劇の上演には様々な方法があり，同様にパペットの種類も多様である。パペットを広義に捉えれば，紙やPペーパーで作られた平面の人形を用いるペープサートやパネルシアター，布で作られたエプロンシアター®，板人形や組んだ手の影をスクリーンに映して演技する影絵劇も人形劇の一種として考えることができる。演者が人形劇舞台（「けこみ」と呼ばれる衝立）に隠れて下から操作する方法，上から糸や棒などで操作する方法，人形を操作する演者の姿を隠さずに演じる「出遣い」と呼ばれる方法など，分け方も多様である。

　鑑賞者と演者の実態や作品内容に応じた方法を選ぶために大切なことは，様々な作品に触れることである。舞台芸術特有の雰囲気や，会場・演者・鑑賞者の三位一体の相互作用，とりわけ，演者の表現に対する鑑賞者の反応を把握するために，映像ではなく，良質な作品を直接鑑賞したい。人形劇の幅広い表現方法を知ることが実践の基盤となる。

図1　演者がけこみに隠れる人形劇の一例　　図2　出遣いによる人形劇の一例

（1）　指で操作するパペット

　指にはめて操作するパペットであり，一般に「指人形」と呼ばれる。着脱や操作が単純なため，大人だけでなく，子どもが演じる場合にも適して

いる。厚紙やフェルト布，軍手などを利用することで，身近な素材で簡単に製作できる。細かな仕草を演じるのは難しいが，指を曲げておじぎをさせたり，左右に振るなどの大きな動きで演技するとよい。童謡「おはなしゆびさん」（香山美子作詞・湯山昭作曲）に合わせて，各指に人形を付けたり，登場させたり，動かしたりするだけで，簡単な人形劇を演じることができる。また，ポケットなどから顔を出したり，引っ込めたりしても楽しい。子どもの興味を簡単に引くのに適した視覚教材であり，その小ささが安心さと親しみを感じさせる。

図3　指人形

（2）　手で操作するパペット
１）片手遣い人形

手袋状になっており片手を入れて操作するパペットである。日本の伝統人形芝居の他，各国の人形劇で利用されている。演者の人差し指が人形の頭にあたり，親指と小指あるいは中指が人形の両手にあたる。演者の人差し指の先端から手首に至るラインを人形の背骨，演者の手首を人形の腰としてイメージすると操作しやすい。手全体を柔らかく，しなやかに動かすことで，生命感にあふれる表現ができる。そのために，手先につながる腕や肘や肩に力を込めず，自然に操作することが重要である。パペットの内部に演者の指を入れて操作できるので，物をしっかりと持たせるなどの表現ができる。操作の特徴や動きのしなやかさを活かすため，ボア地の布などの柔らかな布で製作するのが良い。繊細な仕草からダイナミックな動きまで，多様な表現が

図4　片手遣い人形

第7章　人形劇

できるパペットである。

2）パクパク人形

　人形の口に片手を入れて，パクパクと開閉することができるパペットである。口の開閉によって，台詞を発する演技が補われ，表情の変化による大きな感情表現が可能である。口が大きく開いた外見となるため，愉快な表情となる。ヘビなどをパクパク人形にする場合は手足の操作が不要であるが，人間などのように手足のある場合は，操作のために「差し金」と呼ばれる操作棒を用いたり，演者の手を直接用いることがある。特に後者は，パペットに物を扱わせるのに有効で，「人形浄瑠璃」にも取り入れられている。パペットの手の平の部分に「つまかわ」と呼ばれる帯状の紐の輪を付け，それに演者の指や手を通すことで操作する。

図5　パクパク人形

図6　「つまかわ」による表現

3）抱え遣い人形

　身体の各所を外側から直接持って操作するパペットである。演者自身も

図7　抱え遣い人形

図8　演者の表情による表現の補完

一緒に舞台上に現れるため，出遣い人形劇やテーブル人形劇に使用される。「人形浄瑠璃」などもこの形式の人形劇の一種である。パペットを見ながら操作できるため演技がしやすい。ひとつのパペットを複数の演者で操作する場合もあり，繊細な動きから，大きな立ち回りまで，幅広い演技が可能である。演者の身体が現れるため，表情や身のこなしなどに注意が必要である。黒い被り物（面包^{めんぼう}）や帽子などを被って表情を隠す場合もあれば，あえて演者の表情により感情表現を補ったり高めたりする場合もある。

また，保育や教育の現場では，腹話術の人形も用いられる。声音の演じ分けにも留意するが，より重要なのは，演者と人形のなめらかで応答的なやりとりである。

（4） 棒で操作するパペット
1）棒遣い人形

棒によって操作するパペットである。棒の先に付ける人形は，立体と平面のどちらの場合もある。絵人形を利用したものがペープサートである。折り紙や画用紙など，身近にある素材を活用して子どもと一緒に作り，演じるのも良い。比較的簡単に作成できるので，日常的な視覚教材として活用しやすい。**図10**では，遊び歌「こぶたぬきつねこ」（山本直純作詞・作曲）と日本昔話「にんじんだいこんごぼう」への応用例を示した。パペットの特徴を活かして，歌遊びや語り聞かせに視覚的な面白さを加えることができる。また，棒遣い人形は，手遣い人形と同様に直

図9　指遣い人形

図10　折り紙を活用した棒遣い人形

接的な操作ができ，子どもも操作しやすい。操作棒は，人形の下部に付けて下から操作するのが一般的であるが，上部に付けて上から操作し，テーブル人形劇などに使用することもできる。

2）胴串遣い人形

人形の頭部に棒が付いており，これによって操作する人形である。この棒を「胴串」と呼ぶ。胴串の長さは，人形の胴体内にとどまるものから，人形の外部にまで長く伸びる場合もある。これを左右に回すことによって，連結する人形の頭部も同様に動かす。また胴串に仕掛けを施すことによって，首のうなずきや目の開閉などが操作できるものもある。人形の手には，「差し金」と呼ばれる操作棒が付くことが多い。人形を支え頭部を操作する胴串を片手で操作し，もう一方の手で差し金を操作する。差し金は，片手で2本まとめて操作するほか，あえて1本だけを持ち丁寧に操作するなど，必要な演技に合わせて持ち方を工夫する。

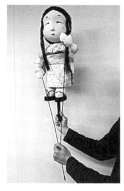

図11　胴串遣い人形

（5）　糸で操作するパペット

人形の各部に糸を付け，上から操作するパペットで，糸操り人形やマリオネットと呼ばれる。糸をまとめる操作盤の形は各国各地で異なっており，日本の伝統芝居では四角い木枠状，ヨーロッパでは十字架状や立体的なものなど様々である。人形が糸でぶら下がっているため慣性を受けて揺れ，安定させるのが難しいが，独特の表現ができる。糸が絡むと操作できなくなるため，取扱いに注意が必要で，複雑なものは幼児が使用するのは難しい。人形を客観的に上から見ながら操作できる利点もあるため，糸の本数を減らしたり，大型の人形や操作盤を利用するなどして，糸が絡まな

図12　糸操り人形

い工夫をすることで操作しやすくなる。

（6） その他のパペット

身の回りにある日用品をそのまま使用して人形劇を演じることがある。これは「オブジェクトシアター」などと呼ばれている。例えば，青くて大きな傘，赤くてやや小ぶりな傘，そして黄色くて小さな傘が並んでいる光景から，私たちは何を感じ取るだろうか。青い傘を「お父さん」，赤い傘を「お

図13　オブジェクトシアター

母さん」，黄色い傘を「子ども」と見立てて，「一組の親子」を想像する人がいるかもしれない。このように，物そのものの個性や特性を活かしながら演劇的表現を行うのがオブジェクトシアターである。人間や動物などの形でなくても，物そのものから生命感や性格を感じ取らせるものであり，人形劇の本質に近いものと考えることもできる。

4．日本における人形劇文化とその実態

世界各地で様々な人形劇が上演されているが，私たちの住む日本には，特に豊かな人形劇の風土があり，自国の文化として誇ることのできるものである。日本における人形劇は，「伝統人形芝居」と「現代人形劇」に大きく分類できる。

「伝統人形芝居」は，古来から伝統的に継承されてきた人形劇である。無形文化遺産「人形浄瑠璃文楽」（大阪府）の他に，「八王子車人形」（東京都），「江戸糸あやつり人形」（東京都），「庄内出羽人形芝居」（山形県），「西畑人形芝居」（香川県）など，操作方法の異なる多彩な人形劇が全国に見られる。一国の中に多様な人形劇が生じ，それぞれが優れた芸術性を持ちながら今日まで継承されており，日本の人形劇文化の豊かさを感じさせる。

これを基盤として，大正末期に諸外国の表現形式を取り入れて発展したものが「現代人形劇」である。今日では，幼児を中心とした子どもやその保護者を主な対象として上演活動が行われ，人形劇の主流となっている。国際人形劇連盟日本センター（日本ウニマ）が把握した2012（平成24）年度の専門人形劇団観客動員数は，のべ164万9000人であり[4]，多数の鑑賞者を動員するものである。子どもは文化を選ぶことができず，周囲の大人が豊かな文化的環境を整えることが重要である。生涯にわたる人格形成の基礎を培う幼児期に，良質な文化財に出会うことが望ましく，乳幼児が初めて触れる舞台芸術として人形劇の担う役割は大きい。

また，直接鑑賞する他にも，テレビを通して人形劇に触れる機会も多い。我が国で初めて人形劇のテレビ番組が制作されたのは1955（昭和30）年のことであり，糸操り人形を用いた子ども向けのものであった[5]。現代においても，人形を用いた子ども向け番組やテレビ宣伝が数多く放送され，私たちの生活に人形劇を活用した表現が深く関わっている。

以上のように，日本は，世界に類例のない豊かな人形劇文化を持つ国であることが把握できる。

5．保育・教育における人形劇の意義と制作の要点

（1） 子どもによる人形劇鑑賞の意義

人形劇の上演の担い手は，専門劇団の他に，保護者や地域住民，学生などのアマチュア劇団が考えられる。専門家の卓越した知識と技術，理念と経験に裏打ちされた表現は鑑賞者に深い感銘を与える。また，地域住民によるあたたかみや親しみにあふれた作品，あるいは学生による溌剌（はつらつ）としてひた向きな作品は，専門劇団のものとは異なる感動を与え得るだろう。中でも保育者や教師による上演は，日々の生活の中で構築された信頼関係の上に成り立つものである。その意義について，吉岡たすく（1978）は，次のように述べている[6]。

　　　自分の一番好きな先生

自分が心から信じている先生
　　自分が愛している先生
　その先生が自分に向かって語りかけていてくれるということが，その子どもにとって，一番うれしいことなのである。
　そこに，人間と人間の触れ合いがある。
　この触れ合いによって，子どもの心は，ゆり動かされるのである。
　その先生の話であるからこそ，子どもたちの感動や共鳴がより大きいのである。話の上手な専門家の話が，子どもにとってよいのではない。担任の先生の話がよいのである。
　これと同じように，専門の人形劇団の人形劇と先生たちがしてくれる人形劇とは，子どもにとって大きな違いがある。
　"先生たちが人形劇をしてくれる"——そこに大きな意義がある。
　じょうずへたは問題ではないのだ。（中略）
　先生たちは，"じょうずにしよう"とする前に，一生懸命にしてほしい。先生たちが一生懸命になって，その劇を作りあげていくならば，必ず子どもは，その劇に感動をおぼえるのである。

　吉岡の言葉は，保育者や教師だけでなく，保育や教育を学ぶ学生（実習生）にも示唆を与える。知識や技術の学習に努め，専門職としての資質と能力の向上に励むことは重要である。保育や教育の専門職としての成長に到達点はないが，その時点の最大限で演じられた「一生懸命」の作品は，専門劇団とは違う熱気を帯びる。子どもとの信頼関係に根ざした真剣で真摯な人形劇は，保育室や教室を劇場へと変化させ得る。
　このように，上演の担い手によって表現や得られる感動は異なることをふまえた上で，人形劇の鑑賞に共通する意義について考えてみよう。それは，子どもの想像力を培うことである。子どもはパペットに生命感を感じ取り，その演技や物語の展開から感情を推しはかる。そして，パペットの冒険を自分のことのように胸躍らせる。パペットの喜びや悲しみを自分のことのように感じる。子どもは，自身の生活の中で直接体験したことや感

じたことを基盤として，パペットの感情を想像し，推しはかりながら，物語を間接体験する。このように，人形劇は子どもの想像力を喚起し，自分のことのように感情をゆり動かす体験を提供し，コミュニケーションの基盤となる他者への共感を育むのである。

保育や教育に人形劇の鑑賞を取り入れるとき，保育者や教師，保護者など，周囲の大人も一緒に楽しむことが大切である。なぜなら舞台芸術は，演者と鑑賞者だけでなく，鑑賞者同士を結び付ける役割も果たすからである。他者と共に人形劇を観る時，子どもは，作品そのものだけでなく，他者と共に時空間と感動を共有する喜びも味わっている。

また，鑑賞会以外でもパペットは使用されることがある。例えば，集まりの時間などで，保育者や教師がパペットを通して話しかける場面では，その言葉に耳を傾け，反応を返す子どもの姿が見られる。人形劇は様々な場面で活用することができ，子どもの想像力を喚起し，他者への共感を促し，コミュニケーション能力の基礎を培うのに有効である。

（2） 子どもによる人形劇制作の意義

制作とは，人形や舞台や小道具などの物品を製作する工程だけでなく，企画や運営などを含め，作品の上演に至るまでの全ての創造過程を指し示す。子どもが人形劇を制作する場合，個人ではなく集団による活動になることが一般的である。人形劇を制作する過程でもたらされる身体・言語・造形などによる表現活動や，他者との協働から展開される豊かなコミュニケーションは，生涯にわたる人格形成の基礎を培う幼児期に望ましいものである。

また，総合芸術である人形劇の制作には多様な役割が求められ，参加する一人ひとりの子どもに応じた活動場面を幅広く用意できる。計画を立てること，話を考えること，物を作ること，絵を描くこと，集団活動を調整することなど，子どもそれぞれの個性や経験を活かし，自己を発揮できる役割を提供することができる。

このように，子どもが人形劇を制作する過程には，他者との協働からコ

ミュニケーションが展開し，その中で自己理解と他者理解が促され，集団における自己実現がもたらされる。保育者や教師は，技術の指導や情報の提供，安全に配慮した環境設定の他に，子ども同士の人間関係の構築に留意することが必要である。

また，人形劇の多様な上演方法やパペットの種類の中から，子どもの発達段階に適合するものを選ぶことが大切である。一般的に，パペットは演者との距離が離れるほど，表現が難しくなる。したがって幼児には，片手遣い人形や一本棒遣いなど，手による直接的な操作ができるものがよい。その上演方法も，けこみに隠れて演じる場合と出遣いで演じる場合が考えられる。それぞれの特性を理解し，子どもが取り組みやすいものを選択することで，主体的な創造活動として人形劇の制作が展開するように支援する。

図14　人形劇の多様性を活かした保育実践

（3）　人形劇の制作と上演の要点

1）題材の選定

人形劇はパペットを利用した多様な表現により，鑑賞者と同じ時空間に空想の物語世界をつくり出すことができる。この特徴を活かす題材選定のポイントについて，多くの人形劇団が題材として選ぶ日本昔話『三枚のお札』を参照しながら考えてみよう。

第7章　人形劇

○上演時間　　　・集中して鑑賞できる時間（10〜20分，最長30分程度）である。
○物語の構造　　・「起・承・転・結」や「始め・中・終わり」など構造が明確である。
　　　　　　　　・物語や出来事の因果関係が明確である。
　　　　　　　　・登場するキャラクターの数が適当で，その関係性が明確である。
　　　　　　　　・感情移入の対象が明確である。
○物語の内容　　・描かれる物語や出来事が，子どもの体験に根ざしている。
　　　　　　　　・非日常的なキャラクターが登場するほか，変身，巨大化，小型化など，パペットの特徴を活用できる。
　　　　　　　　・視覚的，動的な見せ場に富み，人形劇特有の表現を活用できる。
　　　　　　　　・「繰り返し」，「追いかけっこ」など，子どもが好む要素がある。　など

図15　人形劇『三枚のお札』の各場面

2）物品の製作

　パペットは，操作され演技をすることが求められる。様々なポーズや動きができ，部品同士の接続部に十分な強度があることが求められる。頭部（かしら）の表情は，様々な感情表現に対応するために特定の感情に偏らないようにする。人形劇においては，言葉や意志の「向き」の演技が極めて重要である。そのため，操作性に優れ，目線が明確な頭部を製作する。
　小道具や大道具は，縮尺をディフォルメ（誇張と省略）して製作する。

97

パペットの扱う小道具類はやや大きめに作ることで，舞台上に明確に提示される。家のセットなどの大きなものは，パペットの縮尺より小さめに作ることで，画面への収まりやバランスがよい。立体的に作ることもできるが，段ボールやベニヤ板などを切り出し，紙や布などを貼って絵を描いた「かきわり」も有効である。平面であることを活かし，「表裏」，「重ね」，「開閉」などの工夫を凝らしても良い。一手間をかけた道具類は，人形劇の面白さを増す。背景画を用意する場合は，パペットが際立つように，過度に描き込まないように配慮する。

　人形劇の舞台は，その上演方法によって異なる。下からパペットを操作する場合，演者の隠れるけこみは，衝立状の物に布を掛けて用意する。出遣いをする場合，適当な机などに布を掛けて用意する。注意が必要なのは，鑑賞者がパペットを見る角度である。鑑賞席から仰ぎ見やすい高さにする。舞台の製作や会場設営においては，想定される鑑賞者の位置や目線を考慮することが大切である。

3）演技の練習

①**読み稽古**　　言語表現においては，物語の流れや場面の雰囲気，台詞の背景となる感情を表現することを大切にする。イントネーションの正しい日本語を基本とし，文節読みや語尾の過剰な強調は避ける。感情表現については，抑揚や緩急強弱を付ける他に，息遣いが重要である。日常生活の中で，喜怒哀楽などの感情によって，自身の身体状態や呼吸がどのようになっているかを確認し，それを再現することで自然な感情表現ができる。

②**立ち稽古**　　先ず，場面作りを行う。パペットの登場と退場の仕方，配置，移動に留意する。パペット同士の距離や目線の向きを考慮した配置や，そこに至るまでの移動の仕方も表現の要素である。次に，パペットに演技を付ける。目線の変化に留意し，力まず自然に操作する。動かし過ぎに注意し，動作の停止，ゆっくりとした動き，細かい仕草も取り入れる。複数のパペットが登場する際は，アクションに対するリアクションを心がける。ただし，全てのパペットが常に動いていては，主要な演

第7章　人形劇

技をするパペットが際立たない。このような場合には，他のパペットの動きを抑制したり，演技のタイミングを図ることが必要となる。

③**通し稽古**　場面毎の稽古の次に，それらのつなぎを練習し，複数の場面を通しながら稽古する。視覚的効果の高い場面や重要な感情表現の場面などの見せ場は丁寧に練習しつつ，全体の流れを大切にして稽古を進める。演出する担当者を決めたり，ビデオで撮影するなどして，演技を客観的に見る視点を持つことが大切である。

④**リハーサル**　本番の前には，必ずリハーサルを行う。子どもを前にした上演は，反応や歓声もあり，自ずと熱が入るものである。それに先駆けて関係者だけで行うリハーサルをおろそかにせず，真剣に上演することが重要である。また，事前に会場を確認し，鑑賞者の立場に立って想定し，関係者同士で打合せを十分に行っておく。

4）作品の上演と反省

上演の際には，鑑賞者の立場に立ち，作品に集中できる環境を整えることが大切である。室内の温度，明るさ，鑑賞者席の配置と誘導経路などを確認する。鑑賞者が入場した後は，直前の活動や子どもの様子，当日の状況，上演作品の内容に応じた導入を行う。語りかけの他に，手遊びなどを取り入れても良い。導入の最後は，心静かに鑑賞できる体制に導きたい。

上演後は，制作や上演準備の各過程で留意した事項について振り返り評価する。また，実際に鑑賞者を前にした上演に取り組んで得られた気づきと学びを振り返り，深める。それを相互に共有し，学びをつなげて，人形劇だけに限らない今後の保育・教育実践に反映させる。

おわりに

人形劇は夢のような世界を表現できる。しかし，人形劇は夢ではない。その舞台裏には，現実の中で努力を重ね，技術と理念を磨き，人形劇をつくり，演じる演者の姿がある。これは，保育室や教室の舞台裏に先生がいることに似通っている。

本章では，舞台芸術や保育・教育のひとつの方法としての人形劇について述べた。その方法を使って，「子どもに何を伝えるか」についての学びを深めることが重要である。子どもに関わる大人，とりわけ保育者や教師は，技術と同時に理念を培い，文化を継承する者としての研鑽に励みたい。

図16．人形劇の根幹である演者の姿

注
1 ）川尻泰司『人形劇ノート』紀伊國屋書店，1968，33頁
2 ）南江治郎『世界の人形劇』三彩社，1968，8-9頁
3 ）オブラスツォーフ，大井数雄訳『人形劇とはなにか？』オブラスツォーフ他，大井数雄訳『人形劇―なにを・どう』晩成書房，1976，14頁
4 ）日本ウニマ『'13日本の人形劇』晩成書房，2014，212-213頁
5 ）池田憲章，伊藤秀明『NHK連続人形劇のすべて』エンターブレイン，2003，81頁
6 ）吉岡たすく，井上明子，相ひろ美ほか『人形劇あそび』ひかりのくに株式会社，1978，38-39頁
※日本の専門劇団については，「(社）全国専門人形劇団協議会」ホームページ（http://zenninkyo.jp）が詳しい。
※本章の図版は，「くらしき作陽大学子ども教育学部附属児童文化部ぱれっと」による。

参考文献
1 ）宇野小四郎『日本の人形戯・人形芝居』銀の鈴舎，2003
2 ）大久保一康，木田敬貴，浅野泰昌ほか『航跡』財団法人とらまる人形劇研究所，2008
3 ）川勝泰介，浅岡靖央，生駒幸子ほか『ことばと表現力を育む児童文化』萌文書林，2013
4 ）川尻泰司『日本人形劇発達史・考』晩成書房，1986
5 ）川尻泰司『絵で語る人形劇セミナー』晩成書房，1982
6 ）城間美枝子，大沢直『おもしろ人形館　手作り人形から人形劇へ』小学館，1995
7 ）高橋司，高橋良和，福尾野歩ほか『児童文化と保育　こころ豊かな文化を

育むために,宮帯出版社』2008
8）丹下進『人形劇をつくる』大月書店,1996
9）藤城清治『影絵劇の世界　シルエットプレイ　その歴史と創造』東京書籍,1986
10）永野むつみ『ことばより語るもの』田中泰子,カスチョール,第23号（2006）

第8章
ペープサート

（福井　晴子）

はじめに

　ペープサートは，棒の両側に絵を描いた紙を貼り合わせるだけの簡単な工作で作ることができる。演じるには棒の部分をもって絵を見せると同時に子どもたちの顔を見ながら話しかける。とても簡単な仕組みでありながら，絵を見せて話すので登場人物をいきいきと表現できるし，登場人物や背景を個別に動かすこともできる。また，裏にも絵がついていると登場人物の表情や衣装等を一瞬にして変えられる。

　テレビや映画のアニメーションが身近に鑑賞できる現在でも，ペープサートは手作りの保育教材としての魅力は失せない。保育の現場では様々な園の行事にあわせて，保育者が手作りして子どもたちの前で自ら演じて見せることで子どもたちの関心が高まり，具体的なイメージを構築しやすい。また，簡単な仕組みであるため大人が子どもに見せるだけではなく，子どもたちが自ら作って演じることも可能である。このように，材料と製作方法が，保育の現場に受け入れやすいことも魅力である。

1．ペープサートとは

(1) ペープサートのこれまでとこれから

　江戸時代からの庶民の娯楽であった紙人形劇の手法をもちいて，第二次世界大戦後に永柴孝堂（1909－1984）が，子どものための人形劇としてと

りあげた。それまでの紙人形劇と区別するため，紙人形劇の直訳英語（paper + puppet + theater）からペープサートと名付けたと言われる。ペープサートは，現在まで両面に絵を付け登場人物の変化を見せる操作を重視してきたが，それに様々な工夫や仕掛けを加えることで魅力と可能性は現在進行形であり保育のなかにますます活用され，発展しつつあると言える。

(2) ペープサートの仕組み

1）仕組みの基本

裏と表は同じ登場人物（動物・物）を表し，表裏で表情や向きを変える。あるいは変身を表現する。また，クイズの問いかけと答えを表裏に描く。絵は少し離れてもはっきり見えるように描く。

柄にする棒は割り箸程度の太さにし，画用紙に描いた絵の1枚の裏に梱包用粘着テープ等でしっかり固定し，もう1枚の画用紙を貼り付ける。図1

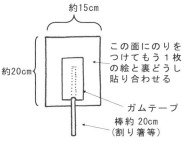

図1．絵と柄の貼り付け

2）仕組みのバリエーション

①大小を作る

背景や家なども登場人物と同様に作るが，うちわ等を土台にしてその両面に画用紙を貼り付けるとよい。デザインボードや段ボールを面の土台に使ってもよい。図2

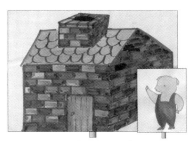

図2．大小のペープサート

②面を増やす

変わっていく段階を表現できる。同じ形を使うときはトレーシングペーパーで写す。重なる面を作るには画用紙の上辺を4センチ位の幅に切った

薄い和紙で繋ぐとよい。図3-1, 3-2

④と①を貼り合わせたあと
薄い和紙で③と①を上辺で
繋ぐよう貼る。
さらに②と①も同様に繋ぐ

図3-1. 同じ形を描く　　　図3-2. 4面を組み合わせる

③仕掛けを作る

　一部に切り込みを入れたり，重ねづけしたりするなど様々に仕掛けを作ることもできる。図4は鍋の縁の形に合わせて切り込みを入れることによって鍋の中に食材の絵のパーツを入れたり出したりできる。

図4-1. お鍋に食材を入れるところ　図4-2

(3)　ペープサートの使用法

柄を持って動かしたり揺らしたりして見せ，絵に動きを与えることがで

図5-1. 花〈表〉　　図5-2. ちょう〈裏〉　　図5-3. このように見える

第8章　ペープサート

きる。目の前で裏面に変えることで変化を表現する。クイズの問いと答えを表と裏に組み合わせることもできる。また，柄を挟んだ両手をすりあわせるようにして絵を回転させ，裏と表を素早く繰り返してみせることにより表裏の絵を組み合わせた視覚を作ることもできる。図5-1，5-2，5-3　演技者が観客と向き合って絵を補助的に使いながら話すこともできる。

お話を演じる場合には，絵人形だけを舞台にのせて人形劇として演じてもよい。舞台があれば多くの登場人物を1人で演じることもできる。図6

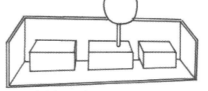

舞台のサイズは高さ約15cm 幅は50～100cmくらいを基本に

柄をさせるよう発泡スチロールの梱包材を貼るか
段ボールを切り口が上になるよう重ねて立てて貼る。

図6．段ボール箱から作った舞台の裏側

2．作ってみよう

(1) お話・初級

子どもたちの大好きなお話をペープサートにしてみよう。ストーリーを整理して，語りだけにする部分と絵人形で表現する部分をわけ，登場人物や場面もあまり多くならないように工夫するとよい。また，絵本を参考にする場合には，ペープサートの特性を活かすよう以下のことに注意して作る。
・離れた位置からでも分かりやすい絵にする。
・背景や登場人物を全部作らず必要な要素だけを作る。
・登場人物は登場している間，違和感のないポーズにする。
・表裏の変化を楽しめるように構成する。

例　日本の民話「ふくろうのそめものや」より　（図は縮尺4分の1）
　ふくろうは，そめものやと分かるように，背景を含めて1枚の絵にする〈表〉。〈裏〉はラストシーンで使う。図7-1，7-2

図7-1〈表〉　　　　　　　図7-2〈裏〉

　お客の鳥たちは，3羽まとめて1枚の絵にしてしまおう〈表〉。鳥たちが染めてもらったところは，やはり1枚にして白い鳥たちが色とりどりになる変化を見せる〈裏〉。図8-1, 8-2

図8-1〈表〉　　　　　　　図8-2〈裏〉

　からすは，初め白，頭部を赤に染めたところ，ごちゃごちゃと色を加えたところ，全身が黒と4つの面を見せたい。表裏を2組作ってもよいが，どんどん変化していくおもしろさを強調するためには4面を1つに作る。作り方は先に書いているように同じ形の輪郭線をトレーシングペーパーで4面に写して作る。図9-1～9-4

第8章　ペープサート

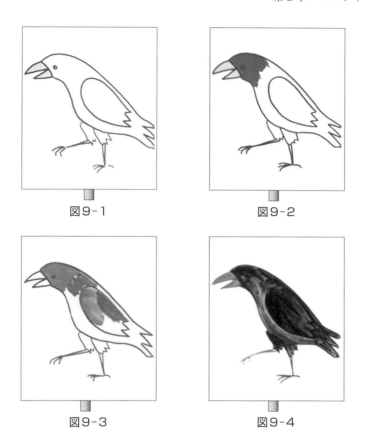

図9-1　　　　　　　図9-2

図9-3　　　　　　　図9-4

(2) **クイズ**

問いと答えを表と裏で表す。

例　くだものシルエットクイズ　（図は縮尺5分の1）

　シルエットに特徴があり，子どもたちがよく知っていて答えを確定できるものを選ぶ。先に裏の答の絵を描き，そのアウトラインをトレーシングペーパーで写して黒くぬる〈表〉。図10-1〜12-2

　ペープサートのクイズとしては，他にも色，形，数などに関するクイズも考えられる。

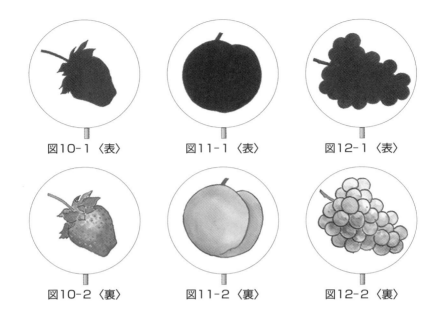

図10-1〈表〉　　図11-1〈表〉　　図12-1〈表〉

図10-2〈裏〉　　図11-2〈裏〉　　図12-2〈裏〉

(3) 歌に合わせて

　歌詞を視覚的に表現し，表裏の変化でイメージを作りながらうたう。
例「ドレミの歌」作詞／作曲・O. ハマーシュタインⅡ，R. ロジャーズ，訳詞・ペギー葉山
図13-1 〜 15-2（図は縮尺5分の1）

　このほかにも，「やぎさんゆうびん」（作詞・まどみちお，作曲・團伊久磨）にあわせて〈表〉白やぎ〈裏〉黒やぎのペープサートを使って，くり返しの楽しさを表現することもできる。また，「かわいいかくれんぼ」（作詞・サトウハチロー，作曲・中田喜直）にあわせて〈表〉ひよこ〈裏〉ひよこの足，〈表〉すずめ〈裏〉すずめの頭頂，〈表〉こいぬ〈裏〉こいぬのしっぽの3組の絵を作って歌のイメージを楽しむことなども考えられる。

第8章　ペープサート

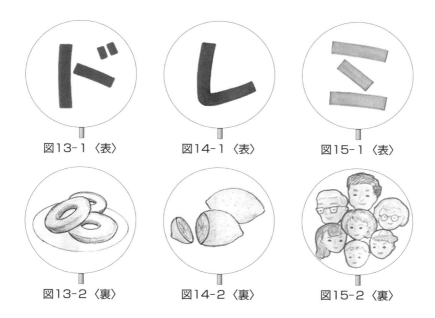

図13-1〈表〉　　　図14-1〈表〉　　　図15-1〈表〉

図13-2〈裏〉　　　図14-2〈裏〉　　　図15-2〈裏〉

(4) **お話　中級**

・登場人物が多いときは人物ごとに中心色を決めるなど区別しやすくし，アウトラインのある単純化した形にする。
・登場人物を表裏別々のポーズで使い分ける。
・背景や大道具等は使いやすいよう工夫する。

例　グリム童話「あかずきん」より（図は縮尺4分の1）

図16-1〈表〉　　　図16-2〈裏〉

女の子は正面向きの〈表〉と森で花を摘んだあとの横向き〈裏〉を作る。
図16-1，16-2

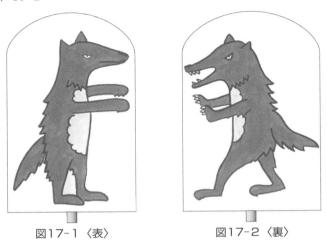

図17-1〈表〉　　　図17-2〈裏〉

　オオカミは，森で女の子に花を摘んでいくよう誘う場面に現れる〈表〉と先回りしておばあさんを襲う場面の〈裏〉を作る。図17-1，17-2
　狩人は，鉄砲を担いだ〈表〉と，オオカミのお腹を切って女の子とおばあさんを救い出す場面では大きなはさみを持っている〈裏〉を作る。図

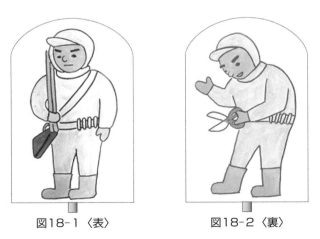

図18-1〈表〉　　　図18-2〈裏〉

第8章　ペープサート

18-1，18-2

　おばあさんの家は，扉だけで表す。閉まっているところ〈表〉と，開けたところ〈裏〉を作る。扉の外でオオカミが女の子のふりをして声をかけると中から「鍵が開いている」と言われて開ける。〈裏〉の開いた扉は室内に続くように見せる。図19-1，19-2

図19-1 〈表〉　　　　　図19-2 〈裏〉

　ベッドは重要な大道具である。〈表〉におばあさんとオオカミが入れ替わる仕掛けを作る。パーツの〈表〉はおばあさんの頭，〈裏〉はオオカミの頭にして，ベッドの切り込みに差し替える。ベッドの〈裏〉は女の子とおばあさんを食べたオオカミが寝ている。図20-1〜20-3

　女の子が森でオオカミに誘われて花を摘む場面では，舞台に花畑の絵をクリップで留める。図21

　ラストシーンではおばあさんと女の子が抱き合うほのぼのとしたシーンを1枚に作る。図22

図20-2パーツ

図20-1〈表〉

図20-3〈裏〉

　このペープサートは，グリム童話あかずきんのお話をもとにストーリーを展開させるように作っている。女の子の母親がお使いを指示するところや，オオカミのお腹から女の子やおばあさんが飛び出すシーンはナレー

第8章　ペープサート

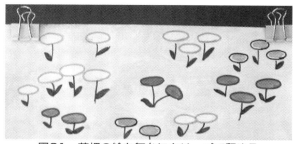
図21．花畑の絵を舞台にクリップで留める

図22．ラストシーン

ションにする。このように，絵本等の筋書きから，1人でも演じやすいように工夫するとよい。登場人物や背景等の大道具を整理してみると，いろいろなお話をペープサートに作り替えることができる。

3．演じてみよう

　登場人物や背景を多く作って複雑な筋書きを演じようとすると製作に手間がかかるだけでなく，演じ方も難しくなる。手作りで子どもたちに即興的にお楽しみを企画する場合には，もとの話を単純化して，登場人物を少なく設定するとよい。人形の操作だけに気をとられないで，子どもの反応を見ながらアドリブなどを加える余裕がほしい。
　次に挙げる例はペープサートの場面ごとに基本的な動きと言葉を配している。
例　日本の民話「ふくろうのそめものや」より

＜ふくろうを舞台の左手に立てる＞場面1
　むかし，あるところにふくろうの染めもの屋がいました。そのころ，どの鳥もみな白く同じ色だったので，おしゃれな鳥はきれいな色にしてもらうために遠くからふくろうの所へ染めてもらいに来ました。
＜3羽の鳥の絵人形を舞台の右手からふくろうに近づけて止める＞場面2
　東から飛んできた小さな鳥は「太陽のように赤い色にしてください」と

【場面１】

【場面２】

【場面３】

ふくろうに頼みました。

　西から飛んできた鳥は「深い海のような美しい青にしてください」とふくろうに頼みました。

　南から飛んで来た大きな鳥は「広い大地のようなきれいな黄色にしてください」とふくろうに頼みました。

＜３羽の鳥の絵人形を裏向ける＞場面３

　東から飛んできた小さな鳥は，希望どおりの赤い色に，西から飛んできた鳥は希望どおりの青い色に，南から飛んで来た大きな鳥は希望どおりの黄色い色に染めてもらって飛びさっていきました。

＜３羽の鳥の絵人形を右手に飛び去るように動かして隠す＞

＜白いからすの絵人形を舞台の右手に立てる＞場面４

　たくさんの鳥が次々に美しく染めてもらうのを見ていたからすは，きれいになって飛び去る鳥達をとて

第8章　ペープサート

【場面4】

【場面5】

【場面6】

もうらやましく思いました。

＜白いからすの絵人形を舞台の右手からふくろうに近づけて止める＞

「東の鳥よりもずっと賢い俺様の頭を赤く染めてくれ」

＜からすの絵人形を裏向ける。頭が赤くなっている＞場面5

「うん，うんなかなかいいぞ」

「肩は青にしてくれ。その上に黄色を染めてくれ。高貴な紫色も忘れないで染めてくれ」

＜からすの絵人形をめくり，次の絵にする＞場面6

からすが「うん，なかなかいいぞ。きれいな色を全部染めてくれ」というので，ふくろうは全部の色を混ぜて染めました。

＜からすの絵人形をめくり，黒いからすの絵にする＞場面7

「なんてことだ！こんな

115

【場面7】

真っ黒にしてどうしてくれるんだ！」とからすは怒鳴りふくろうは困ってしまう。「ど，どうしたことでしょう。きれいな色を全部混ぜると真っ黒になるなんて」

＜ふくろうの絵人形を裏向ける＞場面8

【場面8】

困ったふくろうはからすをおいて，森のおくへ飛んで行ってしまいましたとさ。

それ以来，ふくろうとからすはとても仲がわるいそうです。おしまい。

4．実習で生かすためのテクニック

　ペープサートは身近な材料でとても簡単につくれるのが何よりの魅力。自分の好きなお話に自分で絵をつけて登場人物を作ったり，好きな絵本の絵を参考に自分なりに編集したり，また，歌の歌詞に合わせて手作りの絵を準備しておくのもよい。手作りの楽しさは鑑賞する子どもたちも楽しくする。ペープサートは子どもたちの表情を見ながら演じることができるので，この利点を最大に利用して演じてみよう。

第9章
パネルシアター

（秀　真一郎）

1．パネルシアターとは

　パネルシアターは，現在の子ども文化に存在する視聴覚文化財の中でも比較的新しいものと言える。児童文化研究家・浄土宗西光寺（東京都）住職である古宇田亮順氏が創案し，1973（昭和48）年に誕生した。その後は幼児教育現場ではもとより様々な分野で活用されるほどの児童文化財となっていった。

　パネルシアターの誕生は，毛羽立つことにより付着力を生む布と，その布に張り付く不織布による組み合わせの発見がなければ成り立たなかった。この「不織布」は舞台用の布（フランネル等）の毛羽立ちに付着する性質があり，マジックテープのように強く引っ付くものではなかった。しかし，この強く引っ付きすぎることなく，微妙なタッチで張り付くという状況により，スナップボタンやマジックテープ等を使った貼付け方ではなし得なかった仕掛けや演出方法が可能となった。この新しい表現方法により，パネルシアターという新たな視聴覚文化財は日本全国へと広まり，活用されることとなった。

2．不織布（Pペーパー）の特徴

　パネルシアターを説明する上で，「不織布」（以下Pペーパーと呼ぶ）の特徴を欠かすことは出来ないであろう。Pペーパーにはいくつかの基本的特

徴があげられ，その基本的特徴を活かした作製が大切である。
　まず，一つ目としてあげられるのはPペーパーの素材的特徴である。Pペーパーは画用紙のような紙媒体と違って軽くて丈夫である。その軽さ故に，舞台の毛羽立ちの微妙な引っかかりでも，十分に舞台に付着することが出来る。そして，その丈夫さによってPペーパーへの着色においても，他では類を見ない大胆さが可能となる。それは両面に絵が描けるということである。もちろん，両面に違う絵を描くことは無理であるが，その様子についてはトリックにおける"裏返し"にて詳しく説明する。
　ここで，誰しもが疑問に思う点なのだが，着色することで舞台への付着力が損なわれるのではないかという点である。しかし，この点においても先ほどのPペーパーの丈夫さが活かされる。着色してもPペーパーの表面上に変化が起こることはない。そのため，着色しても，舞台の毛羽立ちに対する引っかかる性質は損なわれることなく，そのまま付着する。
　さらにはPペーパーの特徴によって，以下のようなパネルシアター独自の内容が可能となる。まずPペーパーの丈夫さによって，絵に動きを作ることが出来る。これは絵そのものに対して，"トリック"という細工を施すことで可能となる。そして，舞台に張り付くことのできるPペーパーによって描かれた絵は，何度となく貼ったり剥がしたりができることから，絵を移動することにより位置の交換や組み合わせができる。さらにPペーパーの特徴を活かした演出という面からも，貼る・剥がすにおける時間的配慮が必要ないことから，瞬間的な場面転換ができる。
　以上のようなPペーパーの特徴はパネルシアターの生命線として存在する。しかし，その特徴を活かすことで，独自性のあるパネルシアターとなり得る。

3．パネルシアターの種類

(1)　白パネル
　白パネルはパネルシアターを行う上で最もポピュラーなものであり，あ

らゆる実演条件において適合する種類と言える。白パネルの特徴は，明るい場所で行うことであり，舞台となるパネルに白いネル地（パネル布）を張ったもののことをいう。背景の位置や大きさに配慮し，遠近法を駆使することで白パネル上の舞台に広がりを作り出すことができる。さらには，白パネルの特徴でもある明るい中で演じるという点に関しても，その利点を理解することでパネルシアターの世界にオリジナリティーを加えることができる。それは"パネルシアターの演じ方"においても述べることとなるが，パネルシアターの特徴でもある観客の反応を同時に得ることができ，共に楽しむことができる点である。よって，その内容においても手遊び，クイズ，歌，お話，ゲーム，マジックなど，幅広い内容が可能となる。

(2) 黒パネル

　黒パネルとは，黒いネル地を張った舞台で行うパネルシアターである。そして黒パネルの最大の特徴はブラックライト（波長の長い紫外線である不可視光線を発する蛍光ランプ）を使う点である。暗転の中演じることで，蛍光カラーや蓄光シールを使って作製した絵人形はブラックライトの効果から，浮かび上がったように光を放ち，幻想的な雰囲気を作り出す。このことからも，夜空や宇宙といった状況に対して有効である。反面，白色に対してはブラックライトの影響で青白く発光することから，演者の着衣にも注意が必要である。

4．パネルシアター用舞台

　パネルシアターの舞台においては，様々な業者によって市販されている。しかし，市販されているものがない場合であっても手軽に舞台を作製することができる。
　パネル地を黒板などに貼付けることで舞台として活用することができる。より良い方法としては，舞台に傾斜がついていると絵人形が落ちにくくなり，より実演しやすい。

その他にも方法があり，舞台そのものを自作する方法である。平らな段ボールや板等にパネル地を貼ることで舞台が作製できる。丈夫な段ボールを半分に折り曲げることで，使用や設置の方法に工夫が必要だが，折りたたみ式の舞台も作製可能である。自作舞台の立てかけには専用の台を作製してもかまわないし，机や黒板に立てかけることでも対応できる。ここでもやはり気をつけておきたいことは，舞台に対して適度な傾斜をつけておくという点である。

　市販・自作の舞台の両方に言えることだが，実演する際は使用する絵人形を舞台裏に置いておく必要がある。スムーズな実演のため，絵人形を置くための机や台を準備することも大切となる。さらに観客から準備物が見えないよう，舞台下や脇に幕を張っておくことも細やかな配慮として必要である。

5．絵人形の作り方

(1) 絵人形とは

　パネルシアターを行う上で舞台上を飾り，演者と共に観客の目が注がれるものが絵人形である。Pペーパーによって作製され，登場人物や小道具，背景に至るまですべてを担うものである。したがって，パネルシアターの特徴を考慮し絵人形を作製し，後述するトリックを駆使することで，パネルシアターの独自の世界観を存分に表現できる。

(2) 絵人形の作り方

　絵人形はPペーパーにポスターカラーや水性絵の具で着色し，切り抜いて使用する。Pペーパーは消しゴムによる下書きの修正が困難な特性もあることから，別紙にあらかじめイラストを作製し，Pペーパーを重ねることで写し取るという方法が一般的である。そして，下書きでイラストを作製する際に注意しなければならない点は，パネルシアターは大勢の前で演じることが多いことから，絵人形に対して施す細かい描写は観客には見え

にくくなってしまう。精巧さは逆効果となってしまうことからも，絵人形の大きさとデフォルメには気をつけなければならない。

イラストを写し取った後は着色となる。着色には先述したようにポスターカラーや水性絵の具を使用する。クレヨンやクレパスでは発色はいいが舞台や他の絵人形への色移りや汚れの原因となり，色鉛筆では発色が悪いため適さない。

着色後，絵人形にとって最も大切な縁取りを行う。絵人形の存在感を増すことができるのは，この縁取りをいかに行うかにかかっている。太すぎる縁取りは絵人形の見栄えを重たくしてしまい，細すぎるものは観客にはっきりと見えないのと同じになってしまう。3～4mmぐらいの太さで描くのが最も効果的となる。

切抜きの際にも気をつけておくポイントがある。パネルシアターの絵人形は，舞台表面となるネル地の毛羽立ちに，Pペーパーが引っかかることによって張り付いている。そのため接地面が少ないと外れてしまう。さらにはPペーパーの強度の面からも，切抜きは余裕を持って余白を残して切り取る必要がある。絵人形の細かい箇所は折れ易く，安定した張り付く力を生むためにも，余白を残した切抜きは必要な配慮となる。

黒パネル用の絵人形の場合，切抜き後の余白は黒くぬりつぶしておく必要がある。白いまま残しておくと，余白部分の白色がブラックライトに反応し，青白く光ってしまうからである。

6．絵人形における様々なトリック（仕掛け）

パネルシアターは，舞台上で絵人形を動かしながら"お話"などのストー

リーを展開したり，"クイズ"などの参加型の演出を繰り広げたり，"歌"の世界を実演し視覚的効果をプラスすることで楽しむものである。それぞれの内容において，絵人形は大変重要な役割を持つこととなる。そしてその役割をより効果的かつ印象的に演出するため，絵人形に取り入れることのできる様々なトリックがある。しかし，安易にトリックを盛り込むだけでは，観客を魅了するパネルシアターの流れをつくることはできない。一つ一つのトリックには特徴があり，その特徴をしっかりと捉える事が大切である。

1）裏返し

表　　　裏

同一の絵に対して左右の変化をもたらす場合に効果的である。一枚のPペーパーの裏表両面に描くため，同じ絵柄だからこそ着色のにじみにも対応できる。左右の変化は上手から下手へ，下手から上手への移動をより自然なものとし，絵人形の動きをより自然なものとしてくれる。裏の絵に違う絵柄を貼ることで，様々な表情を作り出すこともできる。その場合は二枚のPペーパーを張り合わせることで可能になる。

2）重ね貼り

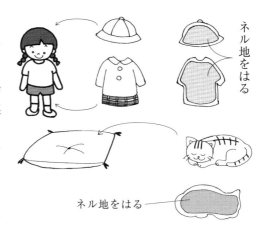

ネル地をはる

ネル地をはる

人形同士を重ねるトリックだが，Pペーパー同士を重ねても張り付く力は生まれない。そのため，この場合は上に重ねる絵人形の裏側に舞台の素地となるネル地を裏打ちすることがポイントとなる。ネル地同士の張り付く力は弱くはあるが，裏打ちした絵人形

第 9 章　パネルシアター

をそのまま舞台に貼ることも可能である。

3）組み合わせ

二つの違う絵人形を組み合わせるトリックである。一つの情景や絵人形の様子を作り出すことで，一つの絵人形に変化をもたらすことが可能となる。たとえば，人物の登場後に夕日が現れ，人物に影が生まれるという時間的流れを演出する際に使われる。

4）ポケット

絵人形に切れ目を入れ，裏側にPペーパーの縁だけを貼ることでポケットを作っておく。そうすると，切れ目から他の絵人形を出し入れする際，出し入れする絵人形が落ちたりすることがなく安定する。さらには複数の絵人形を中に入れる場合に便利であり，抜き出す順番等を間違えることも抑えることができる。

5）糸止め（動作づけ）

動かしたい部分を別々に描き，ポイントの一点だけを糸止めをすることによって，そのポイントで稼働することができる。糸止めによって可能になる動作は無限に考えられるが，代表的な物としては，口や手足，お辞儀をするなどの動作があげられる。表側に出る糸の結び目は絵人形と同じ色

で塗っておくと，結び目も目立たない。

糸結び

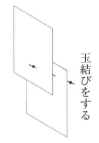
玉結びをする

6）引っ張り

　これは，他の絵人形に隠していた絵人形を糸で引っ張り出すという手法になる。このときに気をつけなければならないことは，白パネルの時は白い糸を，黒パネルのときは黒い糸を使用するということである。さらに，引っ張り出す際に覆っていた絵人形が動いてしまったり，外れ落ちてしまわないように注意する必要がある。

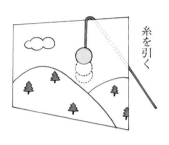
糸を引く

7）窓開き

　扉を使った絵人形に有効となるトリックである。扉となる二枚のPペーパーでガーゼを挟む。そして下絵となる絵に入れておいた切れ込みにガーゼを滑り入れ，裏から別のPペーパーで裏打ちする。こうすることで何度開閉

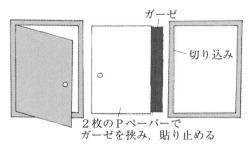
ガーゼ
切り込み
2枚のPペーパーで
ガーゼを挟み，貼り止める

しても絵人形が痛むこともなく，また空いている状態や閉めている状態を保つことも容易にできる。

第9章　パネルシアター

8）かぶせ

　かぶせとはまさに絵人形にPペーパーで作ったものをかぶせるというトリックである。ポケットのように2枚のPペーパーを重ねて作った物を別の絵人形にかぶせる。このトリックは主に帽子等をかぶせる状況に

おいて有効である。かぶせるものは2枚のPペーパーによって作製されていることから，表と裏で違う図柄にすることも可能で，被ったものを変化させたい時に有効である。

9）スライド

　同じ形の絵人形を重ねておき，舞台上に登場させるときに，演者によってスライドさせるように貼付けると，多くの絵人形がどんどんとあらわれてくるように見えるトリックで

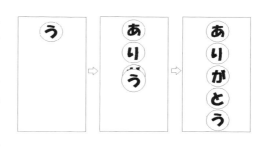

ある。このトリックは演者による貼付けのテクニックが必要である。そのため，練習を重ねてタイミングや力加減を習得しなければならない。観客からの反応はかなり高いことが予想され，サプライズ的演出には有効である。

10）切り込み

　このトリックはポケットの要領で絵人形に切り込みを入れ，切れ込みに絵人形を入れるのが特徴である。しかし，ポケットのようにPペーパーによってポケットを作っておく必要はない。切り込みの場合は絵人形を隠すというよりも，入っているという状況を演出することに有効となる。

11) 人形パネル

表裏の側面を張り合わせることで，下部が開いているポケットのような絵人形ができあがる。開口部に手を入れることで人形劇のように使用することができ，観客の近くで絵人形による演出が可能となる。パペットのような役割も可能となり，演出による見せ方が重要となる。

12) 回転

これは糸止めの応用編のようなトリックで，風車等をまわすときに有効である。滑車を絵人形の裏に張り合わせ，コマの要領で糸を巻き付けておく。その端を舞台パネルの裏へ上からまわして垂らせておく。その糸を引っ張ることで風車が回る仕組みと

なる。あまり勢いよく引っ張りすぎると絵人形が外れてしまうので，絵人形の引っかかっている力を考えて引かなければならない。

13) 蓄光シールの活用

このトリックは黒パネルを使用した時のみで使えるものである。ブラックライトを消したとき，光をためておいたシールのみが浮かび上がる演出となる。このトリッ

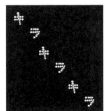

第9章　パネルシアター

クは，一演目のラストを飾る締めとして活用したい。

7．パネルシアターの演じ方

(1) 舞台配置

　パネルシアターは舞台に対して観客の目が注がれる。そのため観客全員がしっかりと舞台が観られるような配置を行わなければならない。観客が幼児の場合は当然目線が低いことも考慮しなければならないし，舞台背後からの逆光は観客の視界を遮り，子ども達の集中を削いでしまいかねない。

　また，パネルシアターにおける演者の存在も考慮する必要がある。演者も大切な要素の一つではあるのだが，やはり舞台上での展開が最も重要なポイントとなる。そのためにも，舞台・演者・観客と会場を考えた舞台配置が大切である。

(2) 演者として

　先述したように，パネルシアターにおける最大の特徴は演者が前に出るということである。そのためにも，演者の立ち位置はパネルシアターの世界を観客の中で広げる上で，常に意識しておかなければならないポイントと言える。

　通常一人で演じる場合，上手から絵人形が舞台上に登場することが自然となることから，演者も舞台に向かって右側に立つことが自然である。こ

の場合，舞台裏に絵人形を準備していることから，必然的に右手によって絵人形を扱い，貼るということになる。そして，演者もパネルシアターの世界では大切な登場人物となることから，観客に背中を見せることは避けたい。貼る時の表情や絵人

形を取り出す時の仕草等も、観客にとっては大切な楽しむポイントとなる。しかし、"背中を見せない"という点に強く固執することもない。視界を遮らないような中腰であったり、右手を大きく伸ばして無理な体勢などの不自然な形で絵人形を貼る必要はない。背中を見せながらも、素早く貼り、元の位置に戻ることで自然で流れるような動きとなる。

演者の存在感も、パネルシアターにとっては大切なキャラクターの一つとなる。同じ演目であったとしても、演者によって

その世界観が全く違うものとなる。それは演者自身の人間性や個性によって、声・表情が観客に様々な形で伝わるからである。観客はこの人間性や個性を通して登場する絵人形を見ることとなる。すなわち、演者によって絵人形は様々な表情を観客に見せることとなる。

8．絵人形の扱い方

(1) タイミング

パネルシアターは舞台と演者によって構成されていることから、観客の目はその両方をその都度行き来しているということになる。そこで絵人形が舞台に登場する場面では、演者にある観客の目が舞台上にあらわれた絵人形へ移って行く瞬間がある。このことからも、絵人形はただ単に出せばいいというものではなく、そのタイミングも演出として重要となる。

第9章　パネルシアター

　台詞や歌詞の前に絵人形が登場すると，舞台上での展開がよりわかり易く，より共感性を高めることができる。その反対に遅れて登場すると，ワクワク感や不可思議な雰囲気を作ることができる。ストーリーや演目の展開を十分に理解することが必須となり，ここでも演者の個性が現れると言える。

　貼ることにのみタイミングがあるのではなく，当然剥がすタイミングも大切である。舞台上から絵人形がはけるというように，観客に舞台上から絵人形がなくなることを意識させるような剥がすタイミングもあれば，場面全体が次へ移って行く様子では剥がすタイミングもさりげなく，流れの中に置かれていることもある。特に大半の絵人形が舞台からはけたり入れ替わったりする際には，その様子が観客に意識されることなく，スムーズに行われることが望まれる。舞台上が雑然とすることを防ぐ意味でも，剥がすタイミングも重要なものとして捉える必要がある。

(2) **配置バランス**

　パネルシアターの観客は舞台全体をしっかりと捉える見方をする。そのため，絵人形を貼る際にはそのバランスを考えて貼らなければならない。パネルシアターには白・黒2種類あることは先述したが，主に使用されるのは白パネルとなる。ある程度舞台の大きさがあることで，観客の視界は舞台で満たされる。白パネル上の絵人形ははっきりと捉えられる。裏を返せば，傾き・安定性・全体構成・絵人形と残りのスペースとのバランスなどとても細かい点も目立ってしまう。観客の想像の世界を壊さないためにも，自然な配置バランスを心がけたい。

9．絵人形の役割の理解

　パネルシアターは絵人形を簡単に舞台に貼付けることができ，舞台上を絵人形が動き回ることができる。これこそが最大の特徴であることは何度も述べている。だからといって，舞台上に貼った絵人形を台詞のたびに動かす必要はない。絵人形を動かすということは，観客の視界に演者が何度も出入りするということになる。この行為は観客の集中を削いでしまうと共に，観客に対する演出としてさほど効果は期待できない。絵人形にはそれほど細かな動きを求めないことを念頭に入れておく必要がある。そこで重要となるのが演者となる。絵人形の細かな動きを求めないために演者が前面に出ていると言え，演者が補うことこそがパネルシアターの醍醐味となる。

　さらに，先ほどあげた様々なトリックも気をつけておかなければならない。トリックはパネルシアターの絵人形に幅広い可能性をもたらし，観客を引きつけるものである。しかし，トリックの連続で演目の内容が進んでいき，トリックの盛り込み過ぎによって観客に対して最もつかんでほしい演目の"ヤマ場"がぼやけてしまい，演目のテーマが伝わりにくい結果となってしまう。トリックの使い過ぎに気をつけ，ここぞというポイントでの使用が効果的となる。

10．音楽の活用

　歌の世界を表現することは，パネルシアターの持つ特徴を発揮する内容の一つと言える。そのため，ピアノ・キーボードと言った幼児教育現場ではよく目にする楽器から，ギター・アコーディオンなど演者とともに観客の前に立って演奏することが可能な楽器の取り入れは，更なる効果をもたらすと言える。ギター・アコーディオンといった楽器は演者と演奏者を一人で行うことを可能にする。楽器だけではなく，効果音を使うこともパネルシアターの演出では有効となる。ここでもトリック同様，適宜使うとい

第9章　パネルシアター

うことを理解しておく必要がある。

11. お話の選び方

(1) 既刊のテキストの活用

　パネルシアターを作製するために，その主たる内容としてはお話の選び方がある。パネルシアターについて理解を深めるために既刊のテキストを使い，模倣することがパネルシアターの取り組みとしての初期段階では無難な方法と言える。様々な既刊テキストにパネルシアターのお話やイラストが数多く載せられており，これらを模倣することでパネルシアターの基礎を作製工程からも学ぶことができる。

(2) オリジナル

　既刊テキストの活用によって身につけたパネルシアターの知識は，次のステップであるオリジナル作製に活かされるであろう。既刊テキストと違い，あらゆることにおいて自身の思いが自由に表現できると言える。そのため，これまでにあげたトリックもあくまでも主要なトリックであるので，オリジナルのトリックを考え出し，オリジナルのストーリーと共に実演することも十分に考えられる。

12. 留意事項

　パネルシアターにおける絵人形は，もちろん使い捨てではない。保存をきちんとすることで，使い続けることができる。一作品における絵人形数はそれぞれ違うが，共通して言えることは一つも紛失することなく，折れ曲がったりしないよう大きな封筒で保存するようにするということである。絵人形が折れ曲がることは，舞台への張り付きを低減させてしまい，上演に大きな影響を与えてしまう。絵人形を大切に扱うということで作品に対する愛着も高まる。

もし絵人形が折れ曲がってしまった場合は，重い書物で押しをするか，低い温度のアイロンで丁寧に伸ばすことで，多少の回復が見込まれる。

さいごに

　パネルシアターの楽しみは，①作製する楽しさ，②演じることの楽しさ，の２つと言える。既製品やテキストを使用して作製することで，作品の安定感は高まりパネルシアターに必要な基礎を身につけることができる。だからこそ，作品の安定感によって演じる力を高めたい。演じる力の高まりは，オリジナル作品のアイデアに幅をもたらし，オリジナル作品におけるアイデアによってさらに演じる力がつく。パネルシアターで培った創作力と演技力は，他の保育場面でも必ず活かされるものである。パネルシアターの世界を高めることで，想像力と個性にあふれた保育へと繋げていってほしい。

―――――――――――――――

参考・引用文献
髙橋司編『児童文化と保育～心豊かな文化を育むために～』宮帯出版社：京都府，2008
髙橋司『パネルシアター保育・実践講座　たのしい生活あそび・うたあそび』大東出版社：東京，2003
パネルシアター委員会『夢と笑顔をはこぶパネルシアター～誕生40周年記念誌～』浄土宗：東京都，2011

第 10 章
エプロンシアター®

Chapter 10 （木本　有香）

はじめに

　子どもにとって最も身近なものとはなんだろうか。それは，布である。では，なぜブロック，絵本をはじめとするおもちゃでもなく布なのかというと，生まれたばかりの赤ちゃんの姿を想像してみると分かるだろう。赤ちゃんは四六時中裸で過ごすのではなく，柔らかく，そして温かみのある衣類や布団などの布に包まれている。つまり，子どもは生まれた時からなんらかの布にくるまれ，親が抱き上げるその多くの場合にも，その布越しに親のぬくもりを感じてきたのである。現在，保育現場においても，布絵本，布人形など，布と他の材料を組み合わせて制作された様々な保育教材が取り入れられている。

　本章では，布製の保育教材のなかでも，材料のほとんどが子どもに最も身近な素材である布を用いて作製され，保育現場にて広く活用されている「エプロンシアター」を取り上げることとする。

1．「エプロンシアター®」について

　ここでは，「エプロンシアター」の歩み，特徴を取り上げ，それによって，保育教材としての「エプロンシアター」を確認していく。

(1)「エプロンシアター®」とは

「エプロンシアター」は，胸当て式のエプロンを舞台（シアター）に見立て，その舞台上で人形等を動かしながら演じ手の語りによって物語が展開されていく人形劇であり，1977（昭和52）年に中谷真弓によって考案された[1]。考案者の中谷は，「エプロンシアター」を子どもにふさわしい保育教材にするため，考案当時から積極的な調査・研究を実施している。その内容には，専用エプロン作製方法，保育現場における多数の実践・調査結果をもとに1歳から5歳の年齢や発達に合わせた「エプロンシアター」

筆者ゼミ生全員で作った作品を身演じる保育学生

の実践方法や，障がい児保育への「エプロンシアター」の取り入れなどが研究報告されている[2]。それらはまさに，「エプロンシアター」が子ども一人一人を大切にする保育のための保育教材として発達してきたことを示すといえる。なお，類似する保育教材には，小林由利子が紹介しているアメリカ発祥の「ストーリーエプロン」がある[3]。これは，エプロンに8つのポケットがついた基本形をはじめとして，ポンチョを被るポンチョエプロン，一枚のタオルをエプロンに見立てるタオルエプロンなどがある。

(2)「エプロンシアター®」の特徴

ペープサート，パネルシアター，人形劇などの様々な保育教材が存在するなか，「エプロンシアター」の特徴として，主に次の5事項が挙げられるだろう[4]。

1）舞台が胸当て式エプロンであること

エプロンは，家庭で母親などが料理を作る際に身につけており，子どもにとってはとても身近な物といえる。そのエプロンが園生活のなかに遊びとして登場し，大好きな保育者が身につけるのであるから，子どもたちは年齢を問わず惹きつけられるだろう。そして，演じ手が舞台となるエプロ

ンを身につけ演じるため，どこにでも移動することができ演じる場所を問わないこと，準備が手短にでき，いつでもすぐに演じられることが魅力といえる。さらに，舞台のエプロンの上で，登場人物の人形を動かしたり，背景を貼り替えたりすることによって，場面や時間の変化が伝わりやすいといえるだろう。

2）演じ手の顔が子どもから見えていること

ペープサートや人形劇といったシアター遊びには，大まかに分けて，舞台の裏に演じ手が隠れて物語のイメージを膨らませながら物語が展開される形式と，演じ手が舞台から見える状態で物語が展開する形式の2つがある。「エプロンシアター」は，後者の形式であり，エプロンという舞台を演じ手の顔が見える状態で身につけるのだ。そのため，演じ手の持ち方によっては表情の見えにくくなる紙芝居と異なり，子どもは人形の動きと共に，演じ手の表情から，物語への理解やイメージを深めることが可能となるのだ。また，演じ手である保育者の表情がいつでも子どもから見られることは，年齢を問わず子どもが安心して活動を楽しめる理由の一つといえる。さらに，演じ手側からも子どもの姿がいつでも確認できるため，子どもの反応に合わせて物語を進めたり，子どもの興味を捉えて物語を展開したりすることが容易といえる。

3）演じ手1人で全ての役割を担っていること

考案者の中谷は，演じ手のことを「演じ手そのものが物語である」と表現している[5]。つまり，「エプロンシアター」における演じ手は，舞台，ナレーター，登場人物と，物語を成り立たせる全ての役割を担っているのだ。子どもを物語の世界に惹き込み豊かな経験とするには，演じ手の表情，台詞まわし，動作などその一つ一つの表現が人形に命を吹き込み，物語の世界を支えていることを忘れてはならない。

また，複数で行われることの多い他のシアター遊びに比べ一人で演じられるため，絵本や紙芝居のように練習時間が設けやすく，保育者にとっても取り入れやすい保育教材といえるだろう。

4）子どもが喜ぶ魅力的な仕掛けがあること

子どもに馴染みのあるエプロンから人形が飛び出てくる。それは，子どもにとって手品を見るような驚きと喜びの瞬間であり，ある時はポケットの中から，またある時はエプロンの裏からと，変化に富んだ仕掛けが可能である。そして，エプロンと人形に貼り付けられた面ファスナーを利用し，エプロンに次々と人形が貼り付いていく不思議さも子どもは味わうことだろう。また，人形なども布製であるため，ポケットのなかに重ねて入れやすいことから，童話「ジャックと豆の木」のように空に向かってぐんぐん成長する豆の木のつるなどを表現することもできるのだ。さらに，「反転式２場面構成」と呼ばれるエプロンの上半分の生地を２枚仕立てにして，物語の進行に合わせて場面転換する際に一枚下に広げて全く異なる背景が登場する仕掛けもある[6]。

5）物語を繰り返し上演できること

　園生活の中で，子どもたちのお気に入りの絵本や紙芝居が繰り返し登場するのと同じように，「エプロンシアター」も何度も物語を楽しむことができる。そして，その繰り返しのなかで子どもたちの思いをくみ取りながら人形の動きや台詞を変化させるなど，回を重ねる度に物語が共通理解され，想像力を豊かにしていくことができるのだ。はじめは見る側であった子どもたちが，一緒に台詞を言ったり，歌を歌ったり，登場人物の心情に成り切って人形に声をかけたりなど，いつの間にか参加側になり，さらに，演じ手とともに物語を作っていく側に成長していくだろう。また，繰り返しのなかで様々な遊びへと展開されることも期待できる。

２．手作りの「エプロンシアター®」の作り方

　「大好きな先生が自分たちのために作ってくれた！」。その思いは保育者から自分が大切にされているという喜び，安心感につながることだろう。ここでは，基礎的なエプロンと人形の作り方を紹介する。

第10章 エプロンシアター®

(1) 製作準備

1）製作手順を考える

　エプロンを作るにも，人形を作るにも，初めての場合には一つ一つの作業で戸惑うことも多い。時間と費用の節約を目指し，ある程度の見通しを立てておくとよいだろう。

　製作手順例としては，①題材を決める ②背景を含めた各場面のイメージや仕掛けを決める ③エプロンの色を決める ④登場人物・背景の型紙を作る ⑤登場人物・背景の布色を決める ⑥エプロンと人形等の生地を購入する ⑦生地を型紙に合わせて全て裁断する ⑧エプロンを製作する ⑨人形・背景を製作する，などがある。切る，縫うという各工程をまとめて行なうことで作業が進みやすくなる。

2）題材を決める

　物語の題材は主に①絵本・紙芝居より ②歌・手遊び歌より ③創作物語の3つに分けられる。

①絵本・紙芝居より

　絵本や紙芝居といった保育教材は，絵を中心としているため，各種手作り保育教材の題材として多用されている。絵本や紙芝居には，対象とする子どもの年齢が3～5歳児のように，ある程度の年齢基準が書かれていることが多い。「エプロンシアター」に取り入れる場合にもその年齢基準を参考にするとよいが，「エプロンシアター」は，物語の内容を省略したり，応用させて物語を長くしたりすることも可能であるため，柔軟に考えるとよいだろう。

表1　＜年齢別　絵本題材例＞

2歳児	『ぞうくんのさんぽ』なかのひろたか　福音館書店　1977／『はらぺこあおむし』エリック・カール，もりひさし（訳）　偕成社　1976
3歳児	『おおきなかぶ』ロシア民話，A.トルストイ（再話）内田莉莎子（訳）佐藤忠良（画）福音館書店　1962　／『ぐりとぐら』なかがわりえこ（文）おおむらゆりこ（絵）福音館書店　1963　／『三びきのこぶた』イギリス昔話　瀬田貞二（訳）　山田三郎（画）福音館書店　1967

4歳児	『ともだちほしいなおおかみくん』さくらともこ（作）いもとようこ（絵）岩崎書店　1986　／　『どうぞのいす』香山美子（文）　柿本幸造（絵）ひさかたチャイルド　1981
5歳児	『みんなでやろう　ジャックとまめのき』さくらともこ（再話）　米山栄一（絵）　PHP研究所　2008　／　『きたかぜとたいよう』イソップ童話，ラ・フォンティーヌ（著）ブライアン・ワイルドスミス（絵）わたなべしげお（訳）らくだ出版　1962

②歌・手遊び歌より

　歌・手遊び歌を題材とする場合は，歌詞の中にストーリー性があったり，子どもに身近な事物が入っていたりするものを中心に取り入れいく。また，手遊び歌には，キャラクターなどを用いた替え歌もあるため，応用しながら取り入れていくとよい。

表2　＜歌・手遊び歌　題材例＞

歌	『いぬのおまわりさん』『ふしぎなポケット』『あわてんぼうのサンタクロース』 『アイスクリームのうた』『お化けなんてないさ』『もりのくまさん』など
手遊び歌	『カレーライスのうた』『これくらいのおべんとうばこ』『こぶたぬきつねこ』 『山小屋いっけん』『キャベツのなかから』『一丁目のどらねこ』など

③創作物語

　自分だけのオリジナルの物語は，子どもの生活経験と，その経験のなかで芽生えた興味や関心に沿って創っていく。たとえば，人物が登場する場合には，観客側となる子どもと同じような年齢設定の主人公にしたり，食べ物，乗り物，動物といった子どもの生活経験に基づいた題材を中心に取り上げたりすると，より一層楽しめるだろう。

3）場面を決める

　絵本や紙芝居のように既に目に見える形で絵が存在する場合は，ページ毎を場面と捉え具体的な背景と人形をエプロンに貼る位置を考えていく。

第10章 エプロンシアター®

歌や手遊び，創作物語の場合は図2のように，内容に合わせて一度場面を絵に描いてみるのもよいだろう。なお，エプロンの背景を含む仕掛けを入れる場合は，あらかじめ，表3のように物語のどの部分に仕掛けを入れるか考えてから前述の場面設定を作っていくとよいだろう。

(2) **エプロンを作る**

　エプロンは舞台であり，登場人物を際立たせるものである。そのため，材料は，舞台が揺るがないよう張りのあるキルティング生地などを用い，エプロンの色は人形が映えるパステルカラーなどの淡い色を選ぶことが多い。柄や原色の生地は人形が見えにくくなるのだ。また，デニム地は張りがあるが，生地が厚く縫うのが困難な時もあるため初心者向きとはいえない。なお，一つの物語専用エプロンであれば，背景を直接エプロンに縫いつけられる。ここでは，図1にて男女兼用フリーサイズのエプロン寸法を挙げる。

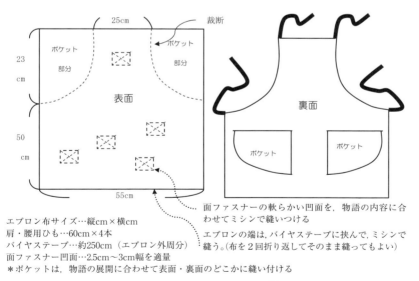

図1 ＜エプロン作製例＞[8)]

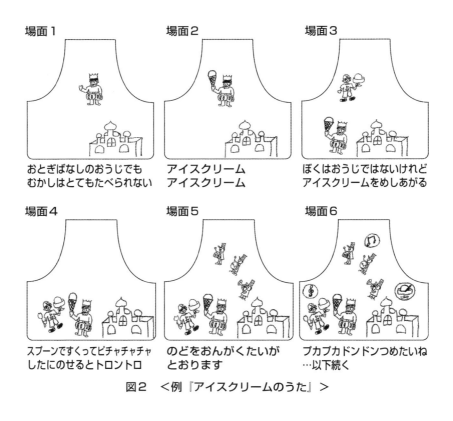

図2 ＜例『アイスクリームのうた』＞

表3 ＜仕掛け例＞

物語	しかけの特徴
三びきのこぶた	・家がとぶ　・ポケット以外の背景（森）からオオカミが出る ・オオカミの尾に火がつく
花咲かじいさん	・枯木に花が咲く　・土の中から小判が出る

（中谷1988）[7] より作製

(3) 人形を作る

　人形は，基本的には人物のついている表面とエプロンに貼り付けるための面ファスナーがついた裏面の二枚を縫い合わせて作られている。基本

第10章　エプロンシアター®

的な材料は，フェルト，化繊綿，刺繍用糸，面ファスナー（硬い方の凸面）である。ビーズや動眼，ボタン等の素材は，落ちた際に乳児が口に入れる可能性もあるため，何歳の子どもの前で演じる時にも安心して使用できるよう，ここでは材料に含まないこととする。布用ボンドや，アイロンで貼

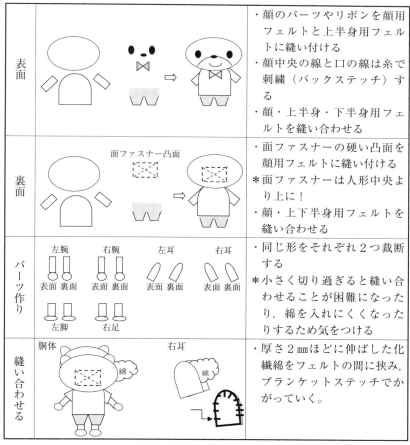

図3＜人形作製例　くま＞

り付けるフェルトは，洗濯しにくく，時間の経過とともに取れてしまうこともあるため，なるべく使用しないことを薦めたい。さらに，耳，腕，脚といった細かいパーツは，フェルトとフェルトの間に綿を入れて縫うことが難しいため，小さくなりすぎないよう留意するか，一枚だけ裁断して胴体の表面と裏面の間に挟み込んでもよい。この場合，完成後の保存状況によって，一枚だけのパーツ部分が折れ筋がついてしまうこともあるため，保存方法に気をつけること。

　なお，乳幼児教育研究所から「エプロンシアター」用のエプロンや，すぐに製作できる実物大の型紙が付いた書籍が多数紹介されているため，自分の力量等に合わせて手作りの範囲を考え，前挙した製作手順例を調整していくとよいだろう[9]。

3．「エプロンシアター®」遊びの実践

　保育者に必要な表現力とは，場数を踏むことで豊かな表現へと変化していく。そこで，ここでは，実演初心者や初めて挑戦する実習生を対象とした実践留意点を確認していく。

(1)　**実践前の留意点**
　1）**身だしなみを整える**
①髪型を整える…長い前髪，エプロンにかかる横髪は，演じ手の表情が見にくく，また，演じ手が動くたびにそれらの髪が揺れて物語に入り込みにくくなるため，顔が出るように結ったり留めたりする。
②手首・腕まわりを整える…演じ手は，常に人形を持ったり，動作をつけたりしている。そのため，手首に時計やゴムなどがついていると，子どもが物語の世界に浸りにくくなってしまう。また，袖幅が広くダボッとした長袖服は人形やエプロン背景を隠してしまうため，必ず袖をまくるかすっきりとした服装にする。
　2）**練習をする**

①話の内容，筋をしっかりと理解する…緊張のあまり台詞が若干異なってくることは多々あるが，物語のイメージを壊さないよう内容や話の筋を覚えておくことが大切である。また，それによって落ち着いて演じることができる。
②話し方の癖を見直す…「えーそこで，ウサギさんとキツネさんが，えー一緒に，えー遊んでいると，えー，，，」のように，癖が頻繁に入ることによって伝えたい内容が子どもに伝わりにくくなってしまう。これは見る側にしてみれば，その場で内容を思い出そうと考えているように感じられるため控えること。また，子どもから見た演じ手の姿を把握するため，鏡に向かって練習するとよい。

(2) 実践中の留意点
1）演じ手自身の表現
①**胸を張って立つ**…エプロンが舞台であり，猫背になると舞台自体が歪んでしまい人形が見にくかったり，面ファスナー同士がくっつきにくくなったりするため留意すること
②**表情**…演じ手の表情は，物語の状況や登場人物の心情への理解を手助けることから，人形をポケットから出したらすぐに前を向き，子ども一人一人の顔を見て演じるようにすること。また，不安や緊張から，手元の人形ばかりを見て演じると，顔が下を向き声も子どもに届きにくいため気をつける。
③**動作**…喜怒哀楽を演じ手が全身で表現することによって物語にメリハリがつき，情感が伝わる。時にはジャンプや一回転をしたり，踊ったり，，，と物語に合わせて予め動きを決めておくとよいだろう。

2）人形の扱い方
①**持ち方**…人形が指で隠れないよう，人形の端を持つ。演じ手が人形の顔を見ながら物語を進めていくと，子どもが内容を理解しにくくなってしまうため，人形の正面が必ず子どもの方に向くようにする。人形同士が会話する際にも同様に，人形の正面を子どもの方に向けること。

②**動かし方**…台詞を言っている人形のみを動かす。特に，登場人物同士が会話をする際には，両方を動かすとどちらが台詞を言っているのか分かりにくく，物語の理解度も低くなるため留意する。人形が面ファスナーでエプロンに付いている場合は，指で人形を指したり，端を持って軽く人形を上下に動かしたりすることで，今誰が台詞を言っているのか分かりやすくするとよいだろう。

突然吹いてきた風に帽子を飛ばされて驚いているブラウンさんを演じる保育学生

A：誤った持ち方と表情　　B：相応しい持ち方と表情

＜演じ方例＞エプロンシアター「とんでった麦わら帽子」より[10]

(3) **実践**

「エプロンシアター」を部分責任実習として取り入れるには，シアター遊び自体が主活動となる10分から20分程度の短い時間での活動形態と，主活動における導入やまとめ部分に入れ込んだ50分程度の活動形態などがある。ここでは，実習の参考としておやつ前の20分間部分実習指導案例を紹介する。

【幼稚園3歳児クラス10月頃の部分実習指導案】
＜子どもの様子＞初めての運動会も多くの子が楽しみ，一緒に活動を楽し

第10章　エプロンシアター®

む感覚を実感しはじめている。また，同じ内容やリズムを繰り返して楽しめるような歌や手遊び，絵本に興味を持つ子が増えてきた。
＜ねらい＞友達や保育者と歌に親しみ，イメージを共有して楽しむ
＜内　容＞・歌遊び「ふしぎなポケット」を歌う
　　　　　・エプロンシアター「ふしぎなポケット」を見る

手作り作品を演じる保育学生

時間	環境の構成	子どもの活動	保育者の援助と配慮
00分	・エプロンとポケットをピアノの傍に置き，ピアノの横に立ち，全員の子どもの姿が見えるか確認する	○シアター遊び「ふしぎなぽけっと」 ・着席する ・保育者の話を聞く	・今から楽しい活動が始まることを伝え，着席をうながす ・「ふしぎなポケット」をうたうことを提案し，ポケットの中から何が飛び出てくるのか確認してからうたうようにする。
02分	・子どもが落ち着き，力を出し切ってうたえるよう伴奏速度に気をつける	・歌「ふしぎなポケット」をうたう	・うたい始めに表情をより豊かにつけることで歌詞の出しをそろえ，気持ちよくうたえるようにする
05分	・立ち上がり，エプロンを広げ，全員から見えるようにする	・保育者の話を聞く	・きれいな声で歌えたことを認め，またエプロンを持参したことを伝え身につける。
07分	・後ろを向き，ポケットを付けてすばやく子どもの方を向く	・エプロンを見る	・このエプロンにも不思議なポケットがついていることを伝える ・「ふしぎなポケット」をうたい，何が入っているか確かめることを提案する

10分	・ビスケットをハート，チョコチップ，アイスボックス，セサミの順に取り出してエプロンに貼り付けていく	・エプロンシアター「ふしぎなポケット」を見ながらうたう ・ビスケットを見る	・前奏部分を「ラララ〜」と楽しそうに歌い，期待がもてるようにする ・歌詞「ポッケトの」でポケットを指さし，「ビスケットが一つ」でビスケットを取り出して左から右へとをビスケットを動かし，全員で喜びを共有していく ・次々とビスケットが出てくる驚きや喜びを，保育者が表情で表現していく
15分		・ビスケットを友達と保育者と確認する	・ビスケットを一つずつ指差しながら，何味のビスケットが出てきたのか問いかけ，楽しさが膨らむようにする
	・ポケットの中を覗く	・ポケットに注目する	・ポケットの中にまだ何かあることを驚き知らせ，もう一度うたうことを提案する
	・スイカ，ケーキ，アイスの順に取り出し，エプロンに貼り付ける	・歌「ふしぎなポケット」を歌う	・期待を高められるよう，歌詞「ポケットの中には，，，」をゆっくりと歌い，溜めてからスイカを出す ・スイカ，ケーキ，アイスを出す際に保育者自身も声色，表情，仕草で驚きを表現することで，イメージが膨らむようにする
20分	・ビスケット等をポケットに入れ，エプロンを畳む	・保育者の話を聞く	・沢山のおやつが登場したことを確認し，楽しさを一層共有していくようにする ・今からおやつの時間であることを伝え，全員で準備をすることを提案する

第10章　エプロンシアター®

おわりに

　園生活は，毎日が喜びと変化に富んだ日々である。その日々のなか保育者の役割も多岐にわたり，準備に時間を要する保育教材を就職後になかなか作れないのが現状である。また，手作りが苦手な保育者，保育学生も多いだろう。しかし，「エプロンシアター」の魅力を一度知ってしまえばきっと，「クラスの子どもの反応が楽しみ！」という思いが芽生え，豊かな保育教材研究へと繋がっていくのではないだろうか。

　本章執筆にあたり，エプロンシアター考案者である乳幼児教育研究所の中谷真弓先生には，原稿段階での査読と有益なアドバイスを頂きましたことを心より感謝申し上げます。

※「エプロンシアター」は乳幼児教育研究所の登録商標です。便宜上，本文中で使用する場合については商標マーク®を省略しています。

注

1）中谷真弓は乳幼児教育研究所講師であり，現在は，現場保育者を対象とした「エプロンシアター」の研修会などを積極的に展開し，「エプロンシアター」の普及に努めている。なお，「エプロンシアター」は登録商標（第2384104号）である。
2）中谷真弓，幼児教育におけるエプロンシアターの意義，武蔵野短期大学研究紀要，4，135項-144項，1989。中谷真弓，エプロンシアターにおける物語理解について 0～5才児への実践から，日本保育学会大会研究論文集，44，1991，414項-415項。中谷真弓，障害児におけるエプロンシアターの研究(2)パイルエプロンの実践から，日本保育学会大会研究論文集，50，1997，686項-687項など。
3）小林由利子『保育に役立つストーリーエプロン』萌文書林：東京，2012。
4）5）乳幼児教育研究所ホームページhttp//www.nyuyoken.com，中谷真弓，ザ・エプロンシアター，フレーベル館：東京，2002^6参照。
6）福岡貞子，第10章実習生の保育実践のための資料，待井和江ほか著『現代の保育学⑥保育実習・教育実習』ミネルヴァ書房：京都，2005^4，233項。

7 ）中谷真弓「保育教材としてのエプロンシアターの研究」『日本保育学会大会発表論文集　41』1988，46項-47項より作製。

8 ）来間聖子，エプロンシアター，久富陽子ほか著『実習に行くまえに知っておきたい保育実技―児童文化財の魅力とその活用・展開―』萌文書林：東京，2006^2，135項など。

9 ）中谷真弓『中谷真弓のエプロンシアター』世界文化社：東京，2010。中谷真弓『わくわくエプロンシアター』チャイルド本社：東京，2013，など。

10）中谷真弓，『とんでった麦わら帽子，中谷真弓のエプロンシアター！』チャイルド社：東京，2013^6，をもとに筆者作製。

第11章
子どもと楽しむ遊び・レクリエーション

（山西　加織）

1．幼児・児童の遊びとレクリエーション

　「遊び」も「レクリエーション」も，楽しいもの，おもしろいものといった印象をもつ人が多いだろう。
　子どもが楽しむ「レクリエーション」の根底にあるものは「遊び」である。遊びはいうまでもなく子どもの成長や発達に必要不可欠なものであり，遊びを通して子どもは身体的，精神的，社会的な育ちを積み重ねていく。特に，幼児期は生活のほとんどが遊びよって占められ，幼児の総合的な発達には自発的な遊びを経験することが重要視されている。
　幼児期の発達特性として，子どもは日常の中で心が安定してくると，あらゆるものに興味を示し，能動的に周囲の環境にかかわろうとする。そして，いろいろなモノや人とかかわりながら，自ら遊びを生み出し，夢中になって遊び込む。自発的な遊びのなかで，子どもは心と体を思い切り解放し，充実感や達成感を得ることで，「もっとやりたい」「他のこともやってみたい」といった意欲につながる。また，遊びを通して育っていく過程で，まわりの友だちと遊びたい，一人より二人，二人より…大勢で遊ぶとより楽しい，と感じるようになる。つまり，それぞれの興味関心にもとづいた遊びから，同じような興味をもつ子どもとの遊びに発展し，イメージを共有しながら遊ぶことを楽しんだり，さらに，集団で考えや意見を出し合いながら何かをやり遂げることにおもしろさや喜びを感じたりするようになる。この自発的な遊びで得られたものが基礎となって，自ら様々な活動に

親しんだり，生活習慣を獲得したりする力となる。

　幼児期や児童期の子どもたちが，年齢に関係なく，仲間と群れて楽しむ遊びに伝承遊びがある。日本には，「鬼ごっこ」や「おしくらまんじゅう」，「かごめかごめ」など，いつ誰が始めたのかもわからないほど昔から伝わってきた多くの遊びが存在する。近年，地域での遊び集団や遊び場の衰退などを背景に，子どもが遊ぶ姿を見かけなくなったと言われるとともに，伝承遊びの減少が危惧されている。しかし，長きにわたって伝承されてきたには理由があり，伝承遊びに魅力が詰まっていることは確かである。今では，地域に代わって，保育所や幼稚園，小学校などで伝承遊びが行われることが期待されている。地域での遊び集団の形成が難しいなか，園・学校において，クラス活動や休み時間，行事などで遊びを経験することで，子どもの遊びの幅を広げることができ，そこで楽しさやおもしろさを感じた子どもは活動の時間以外でも遊びを楽しんでいくだろう。

　伝承遊びをはじめ，群れて楽しむ集団遊びには，一定の決まりやルールが存在する。例えば，「氷鬼」では，鬼にタッチされたら氷のように固まり，動いてはいけないルールがある。このルールを遊びに参加する皆が守ることで，「氷鬼」のおもしろさが成り立つが，初めから成立するわけではない。ルールが理解できない子どもやルールを守らない子どもがいると，つまらなくなって遊びから抜けていく子どもが出てきたり，「ずるい」などと子ども同士のいざこざになったりする。しかし，先生や友だちにルールを教えてもらったり，まわりの反応や状況をみたりすることで，ルールを守ってみんなで楽しもうとする姿に変化していく。また，「氷鬼」では，鬼に捕まっていない逃げ子が「氷」になっている子にタッチすることで復活でき，また逃げまわることができるルールがある。待ち伏せする鬼が怖いなど，誰も助けに行かない状態では，遊びが停滞するか終結してしまう。しかし，鬼に捕まりそうになりながらも仲間をタッチしに行くドキドキ感がおもしろいなど，遊びの本質に触れるとともに，仲間を助けたいといった仲間意識や協力性が芽生えていく。遊びのなかでのそうした経験が，集団生活，あるいは社会生活を営む上で，決まりやルールを意識しながら，自

第11章　子どもと楽しむ遊び・レクリエーション

分たちで生活の場を整え，みんなが気持ちよく過ごせるようにしていく力につながっていくのである。

このように，子どもの豊かな遊び経験が児童期以降の学びや集団生活の土台となっているのである。そして，クラスや集団でレクリエーションに親しむ姿勢にもつながっている。

人とのかかわり合いやその場にいるみんなで何かをする楽しさなど，集団での楽しさやおもしろさをレクリエーションでも感じられるであろう。児童期において，集団生活を営む学校で取り組むレクリエーションのほとんどが「遊び」であり，遊び同様の効果が期待される。子どもの心身の発達への効果のほか，レクリエーションを性別，年齢を問わず一緒に楽しむことで，相手を知るきっかけとなり，また，身体や心がほぐれ，円滑にコミュニケーションをとれやすくなる。友だちと協力して進めていく内容であれば，協力することや信頼関係を築くことの大切さに気づくことができる。また，身体を活発に動かすレクリエーションは，運動・スポーツと同様，終わった後に爽快感や心地よさが生まれる。子どもの体力低下が社会問題となっているが，スポーツ等のレクリエーションを通して，体づくりにつながり，また，楽しみながら体を動かすことで「もっと体を動かしたい」という内発的動機づけとなり，運動習慣の形成に役立つだろう。さらに，学校生活の様々な場面でレクリエーションを経験していくことで，余暇を積極的に楽しみ，より健康でより豊かな生活を営もうとする態度を育み，その後の人生の土台となるだろう。

2．子どものレクリエーション

レクリエーションは，社会の変化とともに，用いられる場面も変化してきた。高齢化社会が進み，高齢者の余暇や生きがいのために福祉現場のレクリエーションが盛んになり，現在，少子化時代を迎え，子どもの遊びの広がりの一つとして，また，母子の子育て支援プログラムとしても，レクリエーションは活用されている。レクリエーションは，「気晴らし」や「娯

楽」といった言葉に示されるように，一般的に，親睦を深めたり，参加者で楽しんだりなど，人と人との交流に用いられる。今では日常的に使われ，私たちの生活に定着している。

小学校でのレクリエーションというと，「椅子とりゲーム」や「フルーツバスケット」を思い浮かべる人が多いのでないだろうか。では，小学校では実際に子どもたちはどのような場面でレクリエーションに取り組んでいるだろうか。

(1) 特別活動（学級活動，児童会活動，学校行事など）での取り組み
1) 学級活動

小学校に入学もしくは新学年がスタートして早々，新しい環境や友だちに慣れない子どもたちは，緊張の面持ちで新生活を迎えるであろう。毎日の学校生活をともに過ごすクラスメートと打ち解けられるように，クラス全体が明るい雰囲気で，そして，これから始まる学校生活に期待をもてるように，交流や親睦を図ることを目的にホームルームなどでレクリエーションを行うことが多い。アイスブレーキングのように，心を開き互いのコミュニケーションを深めるきっかけを作るような内容が適しているだろう。ほかに学級で取り組むものとして，合唱もその一つであろう。一緒に声を出して歌うことでクラスの一体感が高まる。

2) 学年単位・全校児童の交流

学年単位で取り組まれるキャンプや全校児童での運動会もレクリエーションの一つだろう。キャンプでみんなでカレーを作ったり生活を共にする，運動会で団体戦を行ったり仲間を応援する，このような交流により，子ども同士で親睦をはかるだけでなく一体感をつくる貴重な経験となっている。また，児童会活動として行われるものは，子どもの主体性が生かされる。

3) 保護者や地域との交流

核家族や共働き夫婦の世帯が多くなり家庭での親子のふれあいが少ない，地域とのつながりが希薄になっている中，親子で取り組むレクリエー

第11章　子どもと楽しむ遊び・レクリエーション

ションや子ども会でのレクリエーションなども今や子どもにとって大切な体験であろう。

(2) 授業での取り組み

　学校でのレクリエーションは，特別活動の時だけなく授業内で学習効果を高めるために日常的に行われている。個々の教師でレクリエーションを取り入れる度合いや方法は異なるが，教師が子どもの学習状況に合わせて，また，その学習を効果的に得られるように，それぞれに意図があり，工夫を施して行うことが多いだろう。授業内でゲームやクイズを行い楽しみながら進めることで，子どもが興味関心を持って主体的に学べたり，集中力を持続させたり，学習を活性化する手段として用いられる。音楽や体育などの教科では，ゲームや遊びを導入や活動として取り入れたりするほか，その教科自体がレクリエーションの要素を持っているということもあろう。

3．指導上のポイント・留意点

　教師あるいは実習生の立場で，レクリエーションを進めるにあたり，慣れないうちは難しさを感じることも多いだろう。事前に子どもたちの年齢や人数，季節，その頃の様子，行う場所を考慮し，内容やその進行方法をある程度具体的に決めておく必要がある。しかし，最も大切なことは，参加している「みんなが楽しむ」ことである。

　大勢でレクリエーションを楽しむためには，リーダーの存在が大事である。学校では，何をするかだけでなく，その方法や進め方も考え，実際に進めていくリーダーの役割を教師が務めることが多いだろう。

＜子どもの様子に合わせてプログラムを作ろう！＞

　プログラムを作るにあたり，教師の意図や目的に沿って，導入として取り入れたり，いくつかのプログラムを組み合わせたりするが，友だちとの関係づくりができているかどうか，1年生から6年生のどの年齢にあたる

かなど，子どもの状態に合わせて内容を選ぶ。内容が難し過ぎても簡単過ぎても子どもは楽しめないだろう。新学期早々，クラス全体に緊張感がある場合は，教師対子どもで楽しむもの，子ども同士の関係を築いていきたい場合は，2人組でのゲームやグループ対抗で行うもの，クラス全員で取り組むものといったように状況に合わせて選ぶと良い。また，伝承遊びを取り入れ，遊びを伝授しても良いだろう。

＜安全に行えるか確認しよう！＞

　レクリエーションを行う前に，ゲームや遊びを行う人数や内容に見合った十分な広さがあるか，ケガしたりぶつかったりしそうな危険箇所がないか，校庭など広いスペースで行う場合教師の目や声が届くか，などをチェックしよう。場所を変えたり危険なものを取り除いたりして危険を回避するとともに，動ける範囲を決めるなど，決まりを作って子どもたちと約束するとよいだろう。

＜話し方や表情を工夫して説明しよう！＞

　レクリエーションのやり方やルールを説明するとき，子どもたちにはっきり聞こえるように，わかりやすいように，というのは基本である。子どもたちの表情や反応を見ながら，そして，これから始まることに対して期待や楽しみをもてるように，表情豊かに話そう。

＜体を動かしながらルールを説明しよう！＞

　ゲームや遊びのルールが複雑になると，説明が長くなり，子どもたちは最初に伝えたルールを忘れたり退屈したりする。なるべく端的な説明になるよう心がけるだけでなく，教師が実際にやって見せながら，もしくは，子どもたちを実際に動かしながら進め，一つひとつ段階を追ってルールを説明していくと理解されやすいだろう。

＜全体への目配りと個々への気配りを心がけよう！＞

　実際にゲームや遊びが始まったら，子どもたち全員が参加しているか，さらに，楽しんでいるか，全体の様子に目を配ろう。そして，全体を見ながら，個々の子どもに目を向けよう。例えば，ルールを十分理解できていない子どもがいたら，ルールを確認する言葉やゲームを行いやすくなるヒ

第11章　子どもと楽しむ遊び・レクリエーション

ントを全体に向けて投げかける．コミュニケーションゲームのときに，言いたいけれどなかなか意見や言葉を口にすることができない子どもには，気持ちや言いたいことを汲み取って代弁したり焦らせずに徐々に参加できるよう見守ったりする．夢中になり過ぎて怪我が起きそうな子どもには，危険であることに気づけるように注意を促す，といったように，状況に合わせて対応していく．また，その場の雰囲気が楽しく盛り上がるような励ましや応援は，教師が率先して行おう．

　事前にいろいろ考えて内容を決めても，様々な工夫を心がけても，失敗や想定外のことは起こるだろう．実際に行ってみたら難し過ぎた，盛り上がりに欠けた，飽きてしまったといった場合は，ルールの変更や追加，または，次のゲームに切り替えるなど，子どもの様子に合わせて進めよう．

＜子どもたちで進めていけるようにしよう！＞
　学校では教師がリーダー役になって進めていく方法が多いが，高学年になると，子どもたち自身でレクリエーションを進めていける場合も多い．教師がやり方を説明し，ゲームや遊びがうまく展開していけば，子どもにリーダー役をまかせて進めると良いだろう．「こうしたら？」「ああしたら？」という提案が出てきたら，みんなで考えるなど，工夫しておもしろさを広げていくことも楽しさの一つだろう．

＜みんなが笑いあえる終わり方にしよう！＞
　ゲームや遊びには勝ち負けがあるものが多い．競い合ったり勝利を目ざしたりすることは子どもの意欲につながっているが，強くこだわり過ぎると「みんなが楽しい」状態は失われ，後味の悪い終わり方になる．勝っても負けても「楽しいね」という雰囲気づくりに努めよう．終了後に振り返りの時間を設け，レクリエーションをとおして子どもたちが得た楽しさや気づきを引き出しみんなで共有しよう．

　以上，小学校でのレクリエーションを取り上げてきたが，ゲームなど，工夫すれば幼児でも楽しめるレクリエーション活動も可能となるだろう．幼児とゲームを行う際には，ポイントや留意点は先に記したものと変わら

ないが，幼児の発達や実態に即し，簡単なゲームを取り入れたりルールを単純にしたりするなど，ゲームの内容を簡単にする，個別への配慮をする，みんなが楽しめるようになるまでに繰り返す，などの工夫をするとよいだろう。

4．実習でぜひ取り入れたいレクリエーション

幼児から児童まで，少人数でも楽しめるゲームを中心に紹介する。

指キャッチ

「キャ，キャ，キャ……キャッチ！」の合図で，隣り合う友だちとの競争や言葉遊びを楽しむ。アウトになってもセーフになっても，みんなで自然と笑いあえる簡単なゲーム。

（場所）どこでも　　　　（準備するもの）なし　　　　（時間）5〜10分程度

①クラス全員で輪をつくって内側を向く。立っても座ってもどちらでもよい。
②隣同士と手をつなげるくらいの間隔をあける。
③右手の人さし指を立てて，左手の親指と4本の指で筒をつくる。左手の筒を縦にし，右手の人さし指を右隣の人の筒に差し込む。
④リーダー（実習生）は「キャ，キャ，キャ……」とリズミカルに連呼し，「キャッチ！」の合図をする。リーダーの合図で，左手で左隣の人の指をキャッチし，右の人さし指は右隣の人にキャッチされないように引き抜く。

⑤右手がキャッチされたらアウト。右手はキャッチされず左手でキャッチできれば勝ち。

第11章　子どもと楽しむ遊び・レクリエーション

(応用・発展)
- リーダーは「キャ，キャ，キャ……」のリズムや声の大きさに変化をつけたり，「キャッチ！」ではなく，「キャベツ！」や「キャット！」など，「キャ」のつく言葉を合図したりして，フライングを誘う。
- ゲームに慣れてきたら，子どもがリーダー役になってかけ声をかける。
- ゲームを何回か繰り返したら，右手と左手を入れ替えて行う。慣れた動きと逆になるので，「やりにくさ」がまた楽しい。
- 新たなルールを加える。「キャット！」の合図のときは手を動かさず「ニャー！」と鳴く，「キャンプ！」の合図では「ファイヤー！」と叫ぶ，「キャンディー！」の合図では「あまーい！」と叫ぶ……などとルールを決めて行うと，フライングを楽めると同時に，全体の一体感が生まれる。

親分探し

　鬼にわからないように，親分の動きを盗み見て真似するスリルやみんなで同じ動きをする一体感が生まれる。鬼はみんなの目線や動くタイミングを見て，親分が誰なのかを探っていく。

(場所) どこでも　　(準備するもの) なし　　(時間) 10～20分程度

① クラス全員で円になり，内側を向いて座る。
② 鬼役を1人決め，教室の外に出るなど，一時的に見えない場所に移動してもらう。その間に親分役を1人決めたら，鬼を呼びもどし，輪の中に入ってもらう。(鬼は誰が親分なのかはわからない。)

③ 親分は手を振ったり足を組んだりして体を動かし，親分以外の子分役はその動きを真似する。鬼はみんなの動きを見ながら誰が親分なのかを当てる。親分や子分は，誰が親分なのか鬼にわからないように視線に注意

157

しながら体を動かす。

（応用・発展）
- 鬼役を2，3人にし，鬼チームで連携して親分が誰なのかを探してもよい。
- 椅子や床に座るのではなく立って行うと，動きが大きくなり，いろいろな動きを楽しめる。

聖徳太子ゲーム

　何人もの言葉を同時に聞き取れたという聖徳太子の伝説をもとにしたゲームである。仲間と言葉を考えたり声を合わせて言葉を発したりする楽しさや，それを聞き取って仲間と答えを当てるおもしろさがある。
（場所）どこでも　（準備するもの）紙・マジック　（時間）10〜20分程度

①リーダー（実習生）は，導入の話として，聖徳太子が何人もの人の話を同時に聞くことができたという逸話を伝え，何人かが同時に話す言葉を当てるゲームであることを話す。

②4，5人ずつのグループに分かれ，人数分の文字数になる言葉を考える。例えば，4人グループだったら「たまねぎ」，5人グループだったら「せんぷうき」など。「きゃ」「ちゅ」などの文字は一音として数える。決めた言葉を紙に書き，一音ずつ誰が言うか決める。

③1グループずつ前に出て，リーダーの「せーの」などの合図で，決めた言葉を同時に発する。聞いている人がわかりやすいように，口を大きく開け，はっきりと発音する。

④リーダーから「何を言っているかな？」と問いかけ，聞き手が答えを当てる。正解するまで繰り返し，正解したら紙を見せる。なかなか答えが出なかったらヒントを出し，それでも当たらなかったら正解の紙を見せ

第11章　子どもと楽しむ遊び・レクリエーション

る。

（応用・発展）

・一音ずつの発声は比較的簡単に聞き取れるため、慣れてきたらテーマを決めて、そのテーマに添う言葉（単語）をグループの人数分用意し、それぞれを同時に発声する。例
えば、4人グループであれば「いちご」「ばなな」「りんご」「すもも」で果物つながりなど。紙にはテーマ名を書く。聞き手は発音したすべての言葉とテーマを当てる。

・1グループが問題を出し、それに対して他のグループは、グループ内で答えを考え、紙に書く。ある程度の時間が経ったら、各グループで答えを書いた紙を掲げ、どのグループが正解かを競う。

大根抜き

シンプルな遊び方で、一気に盛り上がるゲーム。「抜くぞ」「抜かれないぞ」と全力で臨む姿や、チームの仲間と力を合わせ腕を組んだり抜こうとしたりと協力する姿がみられるゲーム。体があっという間に温まるので、体育の準備体操で行ってもよい。

（場所）広い場所　　（準備するもの）なし　　（時間）10〜15分程度

① クラス全員で半々に分かれる。大根チームは円になって内側を向いて座り、その外側に大根抜きチームが円になって座る。

② 大根チームは隣同士で腕を組む。

③ リーダー（実習生）の「よーいどん」の合図で、大根抜きチームは大根役の人の体を引っ張る。リーダーは事

大根チーム（隣同士で腕を組む）

大根抜きチーム

前に，髪や頭，衣服を引っ張らないこと，くすぐらないこと，大根役は痛かったら「痛い」と言うこと，大根抜き役は「痛い」と言われたらすぐに力を緩めることを約束しておく。また，活動中，危険がないか様子を見守る。
④大根チームは抜かれないように仲間と結束する。1人が抜かれても，残っている仲間と腕を組み直し，抜かれないように踏ん張る。
⑤リーダーが終わりの合図をするまでに，大根役が1人でも抜かれず残っていたら大根チームの勝ち，大根役を全員抜くことができたら大根抜きチームの勝ち，それ以外は引き分け。
⑥大根と大根抜きの役割を交替して，ゲームを行う。

（応用・発展）
・大根チームは外側を向いて座った状態やうつ伏せや仰向けになった状態から始めてもよい。
・低学年のクラスでは，教師や実習生が大根抜き役になって，先生対子どもたちで行うと，「大人に負けないぞ」といった雰囲気になって盛り上がる。

がっちゃんこ

走り寄って相手と「がっちゃんこ！」とぶつかり合う動きや，味方を助けながら走っていくことが楽しいゲーム。走ることが苦手な子どもも夢中になって参加でき，終わったときには汗だくになる。

（場所）広い場所　（準備するもの）赤白帽かビブス　（時間）15～20分程度
①2チームに分かれ，赤白帽やビブスなどで区別しやすいようにする。
②図のように，線を2本引き，各チーム

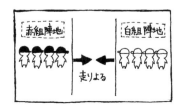

第11章　子どもと楽しむ遊び・レクリエーション

　の陣地をどちらか決め，各チーム1列に並ぶ。
③リーダー（実習生）の「よーいどん」の合図で，先頭から1人ずつ走り出し，相手チームと出会ったところで「がっちゃんこ！」と両手を合わせ，じゃんけんをする。
④勝った人は先に進み，負けたチームから次に走り出てきた人（2番目に並んでいた人）と出会ったところで再度「がっちゃんこ！」「じゃんけんぽん」と繰り返す。負けた人はその場に座り，味方チームにタッチされるのを待つ。

161

⑤自分の陣地から走り出して、相手と「がっちゃんこ」するまでに、負けて座っている味方にタッチすれば、その人は復活して自分の陣地に戻り列に並ぶ。
⑥相手チームの陣地にたどり着いたら1点が入り、再び②の状態からスタートして繰り返す。最終的には、得点が多いチームの勝ち。

(応用・発展)
・4チームにするなど、チームの人数を減らして行うと、回転が速くなり、順番が早くまわってくることで運動量が多くなる。また、得点が入りやすくなり、ハラハラドキドキ感が増す。

※「がっちゃんこ」のイラストについては、『なにしてあそぶ？ 保育園で人気のおにごっこいろいろ』(ちいさいなかま編集部, 草土文化, 1997) 掲載のものを参考に作成しました。

大車輪

みんなで車輪の形をつくり、列ごとにかけっこをする。どの列が走るのかは鬼次第で、「はんかち落とし」のようなドキドキ感がある。かけっこするのも友だちがかけっこする様子を見るのも楽しめるゲーム。
(場所) 広い場所　　(準備するもの) なし　　(時間) 15～20分程度
①5, 6人のグループに分かれる。図のように、各グループ縦1列で、先頭が中心に集まる。全員が内側を向いて座る。
②リーダー (実習生) が鬼役になるか、子どもたちから1人鬼役を決める。
③鬼は列の最後尾の後ろを「はんかち落とし」のように回り、ある列の最後尾の肩をタッチして、どちらの方向でもいいので走って1周する。

第11章　子どもと楽しむ遊び・レクリエーション

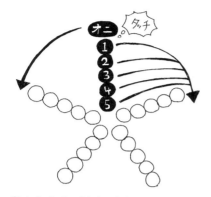

④鬼にタッチされた人は，前に座っている人の肩をタッチしてから，鬼が走った方向と反対方向に1周する。列の先頭までタッチが行きわたり，その列全員が1周することになる。鬼が走っている人を通せんぼしたり，鬼以外が前を走っている人を抜かしたりしてもよい。

⑤鬼を含め，早く1周してきた人から，元の列の場所に順番に並んでいき，最後に到着した人が次の鬼となりゲームを繰り返す。

（応用・発展）

・鬼が外側をぐるぐる回っているとき，鬼以外は目を閉じて待つと，どの列がタッチされるかドキドキ感が増す。

※「大車輪」のイラストについては，『たのしい！レクリエーションゲーム集』（日本レクリエーション協会，西東社，2005）掲載のものを参考に作成しました。

5．実習で子どもとレクリエーションを楽しむためには

　レクリエーションも遊びも，楽しい体験を通して，子どもに様々な学びや気づきをもたらしてくれる。そして，みんなで楽しい空間が創り出されることで，様々な学びや気づきはその場にとどまらず，子どもたちの日々の学習や生活に生かされていくだろう。

　実習で子どもとレクリエーションを楽しむためには，リーダー（実習生）の工夫や配慮が必要となる。そのためには，①実習生も子どもと一緒になって活動を楽しむこと，②子どもの発想や状況に応じて柔軟にルールややり方を変え，より楽しい空間をつくること，③説明は簡潔に，実際に活動を楽しむ時間を十分確保すること，④子ども同士のかかわりを大切にし，子ども中心の活動にすることがポイントとなるだろう。活動に楽しさやおも

しろさを感じることで，子どもたちはより主体的に，より意欲的に活動に取り組んでいくことが期待される。

引用文献
1）池田勝・西野仁・永吉宏英『レクリエーション活動の実際』杏林書院：東京，1987．1頁。

参考文献
池田勝・永吉宏英・西野仁ほか『レクリエーションの基礎理論』杏林書院：東京，1989。
稲垣孝章『楽しい学級遊び100』小学館：東京，2005。
甲斐崎博文『クラス全員がひとつになる学級ゲーム＆アクティビティ100』ナツメ社，2013
桑原和彦『学級レクが3倍盛り上がる集団遊び50選』明治図書：東京，2008。
坂野公信・吉田圭一・千葉和夫ほか『レクリエーション入門』日本レクリエーション協会：東京，1993。
澤村博・近藤克之『これからのレジャー・レクリエーション―余暇社会に向けて―』弓箭書院：神奈川，2012。
薗田碩哉・小池和幸・池良弘ほか『レクリエーション概論』ヘルス・システム研究所：東京，2004。
日本レクリエーション協会『たのしい！レクリエーションゲーム集』西東社：東京，2005。
三浦一朗『楽しいアイスブレーキングゲーム集』日本レクリエーション協会：東京，2002。
ちいさいなかま編集部「なにしてあそぶ？ 保育園で人気のおにごっこいろいろ」草土文化，1997

第12章
児童文化をめぐる諸問題とこれからの展望

Chapter 12　（小島　千恵子）

1．「遊びから学ぶこと」の伝承

　「遊びをせんとや生まれけむ　戯れせんとや生まれけむ　遊ぶ子どもの声聞けば　我が身さえこそ動がるれ」と平安時代の後白河法皇によって詠まれた『梁塵秘抄(りょうじんひしょう)』の中にもあるように，遊ぶことの意義や子どもの遊ぶ様子から，その内面の充実感や達成感，様々な学びを読み取り，大人までもがそのことに興奮し刺激を受ける。

　「遊び」は，先人たちの研究が今に引き継がれ今もなお，さまざまな形で積み重ね続けられている。教育の中では，「子どもの遊びは生活そのもの。子どもの遊びはすべての学びに繋がる」といわれていることは言うまでもない。「人間はなぜ遊ぶのか」といつの時代も疑問視されるほど，人間が遊ぶということ＝生きるということなのであろう。人間の生活と遊びの関係は，昔から今へ，そして次代と伝承され語り継がれていく。

　遊びについては，遊び論……遊びの内容……遊び方……など，その周辺の文献，テキスト，小冊子など，書物も多岐多数であり，その議論もさまざまである。また，教育者間では，「子どもの遊びは学びである」といわれているが，一つ一つの遊びが子どもの成長のここに繋がっているという直結したことではない。子どもは，成長発達のそれぞれの段階において，置かれた環境の中で，その環境に働きかけ遊びを展開している。遊びとは，子どもが心を揺さぶられる種々様々な経験なのである。その内容は多彩であり，子ども一人ひとりによって経験する内容は千差万別である。子ども

は，遊びに出会うことの中で，驚きと喜びを感じ，もっと知りたい，試したいという欲求から，新しいものへの関心や意欲を導き出している。そして，その中で時に難しさも感じながら志向を生み出すということを繰り返し行っている。くり返しの営みの中でさらに，「すごい」「きれい」「ふしぎ」「なぜ」「どうして」など，人と人との関係の中で刺激し合い共に心を動かしながら，育ち学び合うことで，人間の基礎を培っていくのである。この営みは，私たち大人も幼少期にはくり返し行ってきたことである。ただ，どのように自分たちの身体に入り込んでいるのか，記憶を辿るという行為をしなければ思い出さないことである。それほどまでに自然体で伝承され，その経験が今の生活を創りだす基になっているということになる。とすれば，遊びの感動や遊びから学ぶという文化を次代にどのように伝えていくのかが，これからの遊び文化の豊かさに繋がることは言うまでもないことであろう。

2．遊び文化はどこで誰が伝えるのか

「遊び」は，遊び方などをわざわざ教えるということもなく伝承されてきた。先にも述べたが，知らず知らずのうちに身についたと言っても過言ではない。幼少頃は，祖父母から，家事の合間に母親から，学童期は，集団登校の集合場所で年上の友だちから伝えられたり，一緒に遊ぶことで見て覚えたりするという生活をくり返すことで身体が覚えてきた。このように自然に身につけてきた遊びには，遊びを保証する「三間（時間・空間・仲間）」[1]があった。しかし，今は子どもの育ちに恵みをもたらす遊びの環境や，「三間」は保証されにくくなっている。また，家族や親子関係の繋がりの薄さが問題視されていて，家族までもが個人化，個別化している現状の中で，遊び文化の伝承は，知らず知らずのうちに，「自然体」でなどということは望めないことが浮き彫りになってくる。

第12章　児童文化をめぐる諸問題とこれからの展望

　先日，学生とのやり取りの中で「鶴が折れない」ということが話題になった。学生は「鶴の折り方って，教えてもらってないよね」「そうだよね」「えー教えてもらったってば……」「でも忘れたね」などと口にしながら，近くにあった紙の切れ端を手に取り折りはじめた
が，途中で手が止まり「こうだっけ」「こうじゃない」とあれこれ折ってみながら，「あーわからん。先生教えて」と紙を差し出した。保育者をめざして学ぶ学生のこの現状に，違和感を持つのは筆者だけではないだろう。「何か折って」と折り紙を子どもに差し出され，「えー先生折れない」と子どもに応える保育者の姿を想像しただけでもため息が出てしまうが，これが現実なのかと突きつけられたような光景であった。

　遊びの文化を含める児童文化とみなされるものは，本書の第1章の歴史の中に述べられているように，古くは室町時代から江戸時代の御伽草子や江戸時代には草双紙やおもちゃ絵などの文化があり，竹馬遊び，あやとり，かるた，すごろく，かくれんぼなどの遊びは，江戸時代から今の時代へと繋がっている。児童文化という言葉は，わが国固有の言葉であり独自の概念である。一般的に使われるようになったのは，1920年代後半から1930年代と考えられており，生活の綴り方教育を行った峰地光重（1922）が「文化中心綴り方教授法」の中で使用されているという（本書第1章）。かつては，このように子どもに遊びの文化を広げる火種は，教育の現場にあった。

生活力も含む様々な「人間力」は，遊びから身につけることができるとひも解かれ，子どもにとって遊びは大切であるということを次の時代へと引き継いだのだ。遊びは，教育者から子どもへ，子どもから子どもへ，子どもから大人へ，大人から子どもへ教育者から教育者へと，その時代毎の新しいエキスを取り入れながらリサイクルされ，そ

の生活の中に定着していったことがうかがえる。その時代の文化と共に，人間が生きていくための大切な知恵や知識が伝えられたのだろう。そしてその文化は，ふだんの生活の中で，子どものみならず親子あるいは家族の楽しみとなって馴染まれていったことが想像できる。先人（教育者）の知恵が幾重もの時代を重ねて今に至り，その文化の継承に危機が訪れているとしたら，その危機を受けとめ，今の時代のエキスを取り入れながら次の時代へと引き継ぐという役目は，期待も含め保育や教育の専門家である保育者や，教育者に託されていると言っても過言ではないだろう。

3．伝承される文化　伝承されにくい文化

　児童文化財については，本書第2章において述べられている。広い意味においては，子どもを中心としたすべてのコト，モノをさす。ということからすれば，子どもが存在すればいつの時代も児童文化財は存在し，失ってしまうものではない。しかし，狭い意味において，主に子どものために準備する文化財，例えば，玩具，遊具，レクリエーション（遊びの内容），絵本，紙芝居，児童文学，お話，指人形，影絵，パネルシアター，エプロンシアター®，ペープサートなどに細かく焦点をあてて考えてみると，失ってしまいつつあるものが存在する。なぜ，伝承されやすいものと伝承されにくいものができてしまうのか，ここで考えてみることにしたい。

　本書各章で取り上げているパネルシアターやエプロンシアター®，ペープサートなどは新しい児童文化財であり，視聴覚文化財としては原型を改善し，新しい素材を有効に活用し，試行錯誤の結果，生み出されて広がっていったものである。まさに先人の知恵にその時代の新しいエキスを取り入れて，時代にあったものとして活用され続けているものであろう。その詳細については各章で述べられているとおりである。これらは，新しい児童文化財であるこ

第12章　児童文化をめぐる諸問題とこれからの展望

ととも共に，視聴覚文化財として保育現場や教育現場には馴染みやすく，取り入れやすい。ベテランの保育者，教育者たちが画期的な視聴覚文化財として保育現場や教育現場に取り入れ実践し，子どもたちの反応に魅せられながらよりよいものにするために，それぞれの現場で工夫されて次の時代へ伝承されたものといえよう。これらは，保育現場や教育現場においてその技法も定着し，確実に次代へと引き継がれるだろう。

　絵本，紙芝居，お話についても本書各章で取り上げられているが，これらは，前述のパネルシアター，エプロンシアター®などとは違い，歴史のある児童文化財として愛され，親しまれてきたものであり，保育現場や教育現場と切り離して考えることができない児童文化財である。「むかし……むかし……」ではじまるお伽話は，今も昔も，誰もが理解できる行である。本書でも述べられているように，子どもたちが育つ過程でこれまで絵本の果たしてきた役割は大きく，子どもたちの生活環境の中になくてはならないものであることは言うまでもなく深く浸透し，子どもから大人までもが楽しめる児童文化財である。

　本書の中でも紹介しているが，児童文学研究者の瀬田貞二の著書「絵本論」[2]の中で，ドロシー・ホワイトが絵本について語っている次のような一文「画家と作家と編集者とそしておそらく読者が協力して，年上のひとたちの本の千倍もはなやかに魅力的にしなければなりません。彫刻や映画となどと同じく，絵本は一つの美術形式なのです。また，実際すぐれた絵本は，膝の上で聞いている子にも，声を出して読んでやる親にも，楽しい印象を刻みつけるものです」を取り上げている。この文章にあるように絵本は，子どもから大人までもが親しみ，図書館で，街の本屋さんで出会い，親しみ，自然体で伝承されている。それと同様に紙芝居も歴史は古く，戦争中「国策紙芝居」として利用されたという過去を持ちながらも，保育や教育の現場で子どもたちに昔話や物語をリ

アルに伝え，社会の中では啓発運動にメディアとしての役割を果たしながら幅広く活用され，絵本同様に子どもから大人にまで親しまれ継承されている。ただ気がかりになることは，絵本，紙芝居それぞれに特色があり，その特色を使い分けて活用されていない現状があるというところである。このことについては後で触れることとして，ここでは，伝承されていく文化としての絵本，紙芝居として取り上げて，述べておくことにする。

　以上のような児童文化財については，演じ手，語り手がいて，聴衆を集めて聞かせるという行為で活用されるものであり，比較的伝承されやすい文化であると言えよう。伝承のされ方に着目してみても，昔から伝えられたことを残しながら新しいものも取り入れるという理想の形が当たり前に，ごく自然に行われている。素材にしろ，内容にしろ，その時代を生きる人たちが理解できる形になって表現され親しまれている。まさに児童文化財の「進歩と調和」がそこにある。理想の形で伝承される背景には，「語り継ぐ人」がいつもそこに存在するという必要であり，「語り継ぐ人」がその時代をキャッチしながら，それに取り組んでいるということであり，比較的情報も入りやすく，取り組む人も多いということではないだろうか。簡単にいえば，社会の中に当たり前に浸透しているということだろう。

　一方で，当たり前に浸透し続けてほしい子どもの遊びには，失われていくものも多い。先に述べた「折鶴」のケースのように，日常生活の中で継承されてきたものが継承されにくくなっているものがある。折り紙と同様にあやとり，お手玉，おはじき，お正月遊びといわれる福笑い，かるた，すごろく，凧あげ，自然物を使った遊び，鬼ごっこ等々，挙げればきりがないほどでる。一部は，幼稚園や保育園，放課後児童クラブなどその遊びを意図的に伝えようとする人がいる場所においては，子どもたちの遊びの中に取り入れているが，先に述べた絵本や紙芝居のように日常の

第12章　児童文化をめぐる諸問題とこれからの展望

中には入り込んでいない現状がある。これは，上記に述べた遊びの数々について伝承する人が少なくなり，これらの遊びが特別な遊びになってしまっている傾向にあることも考えられる。遊びの技や工夫が伝わらなくなったということになるのだろうか。時代が移り変わり，子どもの遊びの好みが変化したということもあるが，これらの遊びを提供すれば，子どもの本性から考えても好んで取り込む遊びが多いということは想像がつく。大人がこれらの遊びを知っていて，子どもに提供できるかどうかというところに，遊びを伝承することについてのカギがあるのではないだろうか。大人の文化力の衰弱化が子どもの遊びの形に少なからず影響を及ぼしていることを考えれば，保育や教育の専門家がいる幼稚園や保育園に子どもたちへの遊びの伝承について期待がかかることについても理解ができる。

4．伝承されにくい理由（わけ）

児童文化の意義とか機能といわれるものには，子ども自身が営むもの，大人が子どものために提供するもの，文化施設や文化運動などがある（1978　細谷ほか）。[3)]児童文化は，子ども自身による創造的な活動を中心にしながら，そこに大人から伝わった知恵や知識が織り混ぜられて，ゆったりとした時間と場所の中で，大勢の仲間が集まって繰り返しと積み重ねられながら，子ども自身の力でつくりあげていくものであった。ところが子どもの遊びの集団や自由な時間と子どもたちが自由に集まる場所がなくなり，大人の社会的支援力も低下してしまっている。それに加え，子ども自身の生きる力の欠如，情報文化の到来により児童文化の軸である伝承と創造が衰退していったことは否めない。

児童文化は，子どもの豊かな発達を保障し，幸せな生活を支えてきた。アニメのドラえもんやサ

ザエさん，ちびまるこちゃんの世界をみても，児童文化財で実際に遊ぶシーンは少ないものの，それを想像させてくれる場面が数多い。まず，子どもの集団に着目してみると，同年齢集団が中心ではあるものの，きょうだいの友だちとの関係や近所の異年齢の子どもたちとの関係の豊かさがある。次に登場する大人の姿をみてみると，子どもたちの生活を自然体で，当たり前に支えている場面に出会うことができる。一緒の喜び，一緒に悲しみ，時には一喝するその関係性の描写は羨ましささえ感じる。これらのこと以上にそれぞれのアニメに登場する親子の関係は，日本の家族の原型とも言えるだろう。お茶の間のテーブルに家族がつき，食事をしながら楽しい会話が弾んでいる。学校での出来事，近所で起こったこと，商店街で買い物した時のことなど，家族のそれぞれが自分のことを家族に話して共有している。そこには，子どもも大人も人として生活を営んでいる姿があり，児童文化の軸である伝承と創造の豊かさがある。また，仲間が集まる広っぱや公園があり，子どもたちが興じる遊びに通りがかりの大人が声をかけ，地域のつながりの中で子どもたちが自由に遊んでいる風景があった。確かに想定されている時代が違うが，アニメのあのようなシーンは，日本のいたるところにあったということである。1953年にテレビが誕生して生活が変化したことは誰もが認めるところである。児童文化の変化もそこから加速し，児童文化は，情報の世界が中心となった。家庭で楽しめるテレビゲームの普及がそれである。それでもまだ家庭のテレビに機械を設置して家庭で楽しむものであった。急激な変化は，携帯用のゲーム機の誕生からであろう。携帯できれば場所がなくても，家族がいなくても，仲間がいなくても，一人で楽しむことができる。これに子どもだけでなく，大人までもが「なんて便利！」と，とびつき夢中になっている時代になってしまった。ゲーム機が誕生した当時は，ゲーム機が子どもの心身に及ぼす影響についてマスコミが取り上げ，「ゲームをするのは２時間が限度」というようなことが報じられ，子どもの健康生活損失について警鐘を鳴らしていたが今はそれさえもなくなってしまった。それほどまでにこの生活が当たり前になったのだろう。ゲーム機の誕生からたくさんの時間はかからなかったように

第12章　児童文化をめぐる諸問題とこれからの展望

記憶している。児童文化は，マスコミ文化中心になり，それは年々エスカレートしている。人と人が繋がり合って創り出す温かい文化から，個別化した冷たい消費文化に変わってしまったということになる。社会や生活の変化などの子どもを取り巻く環境が子どもに与える影響は否めないが，これも現実であり，この生活環境の中で子どもは成長していくと考えると，伝承されてきた温かな文化の中に，次代へと続くであろう最新的な文化を融合させていくということを，子どもの周りにいる大人や保育，教育の現場で子どもと生活を共にし，子どもの成長発達に多大な影響を及ぼすことになる保育者，教育者が知恵を絞り，考えていく必要があることを真摯に受け止める必要があるだろう。

5．子どもとメディア

　前項で今の児童文化がマスコミ文化中心になってきていることに触れた。子どもの遊びがアナログなものからデジタルなものへと移行し続けている。ゲームの普及は著しく，どんどん進化している。任天堂がファミリーコンピューターを発売してから20年以上が経過して，ゲームも携帯する時代へと変わってきた。クリスマスプレゼントの第1位がゲームソフト（2013（株）バンダイ調べ）という時代が続く中で，子どもがゲーム機に出会う時期も低年齢化している。バスに乗っても，地下鉄に乗っても，レストランの食事風景も街行く親子を見ても，その手にはスマートフォン，ゲーム機が握られ，群れているけれど，それぞれの目線はそれぞれの手元にいっていて，交流する様子はないに等しい。生まれてきた時代がそうであるのだから仕方ないと言ってしまえばそれで終わりではあるが，この歯止めの利かない現状を放置してよいものかという不安と，この先にはどんな時代が待っているのだろうかと危機感さえ覚える。

173

　親の育児不安や育児能力の低下を危惧した行政は，子育て支援センターを増設したり，集いの広場事業などを展開して，親子がふれあい遊びをしたり，親同士が情報交換したりできる公共の場所や時間を提供することを各自治体に義務づけている。いわゆる子育て支援センターや児童センターなどである。ここには専任が常駐していて子育て相談も気軽にでき，とても温かな文化が伝承されている。しかしその中にあっても，子どもを自由に遊ばせて母親はスマートフォンに夢中という光景も少なからず出てきている。自治体は，親たちの子育ての負担を少しでも軽減するべく様々な事業を展開している。親たちは，スマートフォンを使ってこれらの情報を簡単に入手でき，且つママ友に広げることができる。親たちが持っていた「子育ての情報が少しでもたくさん欲しい」というニーズは，スマートフォンの登場で一気に解決したといっても過言ではないだろう。現代社会を眺めると，前述してきたような温かでアナログな文化と冷たそうで実は便利なデジタルな文化が混在している。働きながら子育てをする親は，便利なツールをフル活用して仕事と子育ての両立を図るのは当然のことと言えよう。

　温かでアナログな文化と，冷たそうだが便利なデジタルな文化，何も施さなければデジタルな文化が優先していくことは予想できることであろう。パソコンや携帯電話の広がりは子どもにも及び，低年齢化している様子から考えると，子どもたちも当然便利なものを優先していくに違いない。先人が残した「子どもは親の背中を見て育つ」という言葉は，児童文化の伝承に警鐘を鳴らしているように思えるのは筆者だけだろうか。デジタルな文化は意図しなくても入ってくるが，アナログな文化は伝承するのにひと手間が必要である。

　このひと手間をかけることこそが，温かな人の思いをのせたアナログな文化の伝承，継承に繋がっていくのではないかと考える。時代の流れで当

然便利なものを使いこなすことは必要なことであるが、その一方で、子どもを膝にのせて絵本を読み聞かせることや、ビデオに頼らず、紙芝居などを用いて生の声でお話を聞かせること、子どもの隣に寄り添って鶴の折り方を教えたり、子どもと向き合って「あやとり」をしたりする文化伝承を大人が併せて意図的に行っていくことが必要であろう。今後はこれらが保育現場で求められることが急務になるだろう。

引用文献
1）（財）幼少年教育研究所　編著『遊びの指導』同文書院　2009
2）瀬田貞二　絵本論　瀬田貞二『子どもの本評論』福音館書店　1985
3）細谷俊夫ほか編『教育大事典』第一法規出版　1978

参考文献
（財）幼少年教育研究所　編著『遊びの指導』同文書院　2009
星野平和監修　三上利秋編著『児童文化』保育出版社　2011
鬘櫛久美子　石川昭義編著『希望をつむぎだす幼児教育』あいり出版　2013

おわりに　児童文化から「子ども文化」へ

（小島　千恵子）

　最近では児童文化の概念を見直し「子ども文化」として子ども一人一人の創造的な活動を中心に置いて，子ども主体の文化を創るという試みが出てきている。多くの研究者たちがこのことについて定義しているが，そこに共通しているのは，子どものための子ども自身の文化，大人が与える文化ではないこと，遊びこそが子どもの文化であるということである。まさに「子どもの子どもによる子どものための文化」であるということだ。保育の世界では，子どもの遊びは生活そのもの，子どもの生活は遊びそのものと，子どもの生活と遊びの関係を捉え，子どもの生活援助を行っているが，保育現場で実践されている子どもへの援助の考え方を「児童文化」伝承に取り入れていくということになろうか。「児童」を「子ども」に変えただけの印象が残ってしまうが，そこには大きな意味があることになろう。しかしながら，遊び中心とした子ども自身の創造的文化活動として「子ども文化」を考えた時多くの問題も残る。従来の児童文化の軸であった「伝承と創造」というのは，日本の文化の伝承ということにも繋がっていくものであると考えると，先人たちが見出してきた従来の児童文化という多様な内容をこれからの「子ども文化」にいかに取り入れるかも今後の課題になるであろう。

　「児童文化」と「子ども文化」を融合して考えるために，実践例を取り上げてみながら考えていくことにする。前述した「絵本と紙芝居」についてそれぞれの特色を生かした活用の仕方をすることが必要であるという点について，絵本は少数の子どもに読み手の温もりが伝わる距離で読み聞かせることが特色であり，それとは対称的に紙芝居は，舞台を使用して「間」「抜き」を大切にして，大勢の観衆の前で表現力豊かに演劇さながらに演じることが特色である。保育や教育の現場ではこの使い分けがうまくできていない現状がある。

おわりに

　それぞれの特色を生かして読み聞かせたり，演じたりしてほしいところであるが，うまく使い分けることができないところに着目して，「絵本と紙芝居」の共通項を子ども主体の創造的文化活動に取り入れる方法，いわゆる「子ども文化」として大人が子どもと一緒に絵本と紙芝居の文化に親しむということを考えてみる。絵本も紙芝居も　絵　と　お話　から成っている。めくる，抜くという形式の違いこそあれ，聞く　見る　という行為も同じである。

　さらに，保育や教育の内容5領域から考えても「言葉」「表現」という同じ領域に当てはまり，子どもの発達を促す視点も同じである。そこで，これらを保育や教育の中でオリジナルな教材・教具になるように手作りにするという方法を取り入れることについて考えてみたい。このような活動の実践は，保育の現場では当たり前に行われているかもしれないが，「児童文化」と「子ども文化」の融合という視点で実践を考えるということはあまりないだろう。まず手作りするということについて，子どもが見たものや考えたものを自由に描いたり，すでにあるお話の続きを考えたり，経験した出来事を話したり，想像したことをお話にしたりする活動は，子どもの主体的な創造文化活動である。昔話や物語を絵本で読み聞かせてもらったり，紙芝居でみせてもらったりすることは，従来の伝承を軸にした児童文化である。大人が語って聞かせ，見せて描かせることを子ども自身が創って，描いて，表現するということに繋げていく。この一連の活動の中には，大人と子どもの語り合いやふれ合いがあり，豊かなコミュニケーション力の育ちがある。このような活動を実現できる場所が，幼稚園や保育園あるいは学校ということになるのではないだろうか。ことに人格形成の基礎を培い，生活の基盤をつくる幼児教育の現場には欠かせない活動になるだろう。この考え方は，絵本や紙芝居のようなものだけでなく，日常の「遊び」においても考えることができるのではないだろうか。保育者，教育者（大人）の知恵や工夫が「児童文化」と「子ども文化」の融合を生み出すと言っても過言ではないだろう。

　時代はデジタル化している。早い，便利，簡単，安いが求められ，「スピー

ド時代」と言われた時以上に超高速を追及する時代になった。一方で, ゆったりと, のんびりと, 素材を大切に, 本物をという志向も支持されている。格差が問題になる現代社会で, 子どもの育ちが危惧され, 教育の見直しを問う声も多い。次代を担う子どもに私たち大人は何を残してやれるのかと考える。私たちもかつて子どもであった。時代の移り変わりがその時代の子ども時代も変えることになるが, 本来の「子ども」の姿や本性は時代が変わっても同じである。時代の変化に伴う環境の変化が子どもの表現の仕方を変えているのだと信じたい。よく耳にする「今どきの若者は……」という言葉は, いつの時代にも聞かれてきたことである。とすれば, 古いものは排除して新しいものを取り入れるということではなく, 良きものを残し, 新しい良いものを取り入れるということを考えていきたいものである。

　先人が残してくれた知恵や工夫を, 新しいものと融合するという知恵や工夫で次代に繋いでいきたいものである。その担い手は, 子どもに寄り添いながら「今」を生きている親と保育者, 保育者を目指す若者たちなど, 子どもに関わる人たちではないだろうか。

索　引

【あ行】
あかずきん　109
赤ちゃん絵本　57
遊び　149, 165
遊びを保証する「三間（時間・空間・仲間）」　166
アナログな文化　174
アニミズム　42, 86
あやし遊び　29
あやとり　30
いしけり　35
糸操り人形　91
うた遊び　27, 36
写し絵　70
永紫孝堂　102
ケイ，エレン　6
絵かき歌　36
絵人形　119, 120, 121, 128, 129, 130
エプロンシアター®　87, 133
演者　119, 120, 127, 128, 130
お手玉　31
鬼ごっこ　38
おはじき　32
お話　41
親分探し　157
恩物　5

【か行】
街頭紙芝居　71
抱え遣い人形　89
影絵劇　87
片手遣い人形　88
語り手　41, 43
がっちゃんこ　160

紙芝居　70
かるた　32
かわいいかくれんぼ　108
聞き手　41, 43, 44
教育紙芝居　71
個性　3, 4, 6, 7, 9, 10, 12
ごっこ遊び　27, 37
子ども会　24
子どもとメディア　173
子どもの権利条約　16
子どもの発見　4
子ども文化　176
コマ回し　34

【さ行】
澤柳政太郎　9
詩　49
自然物のあそび　35
児童館　16
児童自由画運動　11, 12
児童中心主義　3, 6, 8, 10, 12
児童図書館　19
児童文化運動　24
児童文化活動　22
児童文学運動　11
児童文化財　15
児童文化施設　16
児童文化政策　24
児童文化組織　23
自発的な遊び　149
集団遊び　150
消極教育　4
聖徳太子ゲーム　158
少年団　23

ストーリーテリング　41
素話　41
すもうごっこ　38
生活綴方運動　11, 12
瀬田貞二　55
創作童話　48

【た行】
大根抜き　159
大車輪　162
大日本青少年団　23
たこあげ　32
立絵　70, 73
手遊び　37
テーマパーク　21
デジタルな文化　174
伝承あそび　27, 28, 150
伝承されていく文化　170
伝承されにくいもの　168
伝承されやすいもの　168
伝承と創造　171
東京おもちゃ美術館　18
胴串遣い人形　91
となえ歌　36
トリック　121, 130
ドレミの歌　108

【な行】
人形劇　84
人間力　167
野口援太郎　9

【は行】
パクパク人形　89
羽仁もと子　9, 10
パネルシアター　72, 87, 117
パペット（pupppet）　85

Pペーパー　117, 118
平絵　70, 71, 72, 73
ふくろうのそめものや　105
ブックスタート　58
部分責任実習　144
フレーベル　4
ベーテンパウエル　23
ペープサート　72, 87, 102
保育教材　133
棒遣い人形　90
ホワイト，ドロシー　55

【ま行】
巻きとり絵　74
松居直　58
まりつき　33
三鷹の森ジブリ美術館　19
昔話　41, 46
胸当て式エプロン　134
めくり絵　73
モンテッソーリ　6
モンテッソーリ教育法　6

【や行】
やぎさんゆうびん　108
指遊び　37
指キャッチ　156
指人形　87

【ら行】
立体紙芝居　73
梁塵秘抄　27, 165
ルソー　4
レクリエーション　151

【わ行】
わらべうた　36

編者紹介

田中　卓也（たなか　たくや）
広島大学大学院教育学研究科教育学専攻博士課程後期単位取得退学。現在，共栄大学教育学部准教授。教育学修士。
主著：『子ども文化論』（ふくろう出版，2011年）
　　　『保育者への扉』（建帛社，2012年：共編）
　　　『小学校教員基礎ゼミナール』（ふくろう出版，2012年：共編）
　　　『保育者・小学校教諭・特別支援学校教諭のための教職論』（北大路書房，2014年：共編）
　　　『叢書　児童文化の歴史第1巻－児童文化の原像と芸術教育－』（加藤理・川勝泰介編，港の人，2011年）など多数。
現在，多くの大学研究者の方々と「幼児の英語教育研究会」をはじめとする研究活動や，「子育て支援」・「保育ボランティア」に関する講演会講師などを行っている。

藤井　伊津子（ふじい　いつこ）
聖徳大学大学院（通信教育課程）児童学研究科児童学専攻博士前期課程修了。
現在，吉備国際大学心理学部子ども発達教育学科講師。児童学修士。
著書：『保育者への扉』（建帛社，2012年：共著）
　　　お話のボランティアグループ「おはなしたまてばこ」に所属し，地域でお話のボランティア活動を行っている。

橋爪　けい子（はしづめ　けいこ）
浜松短期大学（現　浜松学院大学短期大学部）幼児教育科　卒業。
児童養護施設・私立保育園・公立保育園（市役所・幼稚園を含む）に勤務，(保母) 保育士・教諭・園長。浜松学院大学短期大学部　講師。
「環境」「乳児保育」「保育実習Ⅰ・Ⅱ」「保育・教職実践演習」等を担当。
腹話術とパネルシアター・伝承遊びなどを中心として活動するグループ〈にんぎょうの会〉代表。幼稚園・保育園・「子ども会活動」や「高齢者のつどい」などに協力。

小島　千恵子（こじま　ちえこ）
名古屋短期大学保育科卒業　公立保育園に勤務。園長，市指導保育士等保育現場に29年勤務後，椙山女学園大学大学院人間関係学研究科人間関係学専攻教育学領域修了。人間関係学修士。保育養成系大学の非常勤講師，名古屋柳城短期大学保育科講師を経て現在，名古屋短期大学保育科准教授。
「保育課程論」「教育課程編成論」「人間関係」「保育実習」「教育実習」「保育・教育実践演習」等を担当。
著書『赤ちゃんから学ぶ乳児保育の実践力』(保育出版社，2010年：共著)など
2006年より地域の親子活動支援，保育研究・園内研修・保育者のスキルアップ研修などの講師を継続して行っている。

・・・・・・・・・・・・・・・・・・・・・・・・・・・

執筆者紹介（五十音順・2017年3月現在）

浅野　泰昌（あさの　やすまさ）	くらしき作陽大学子ども教育学部子ども教育学科　講師
木本　有香（きもと　ゆか）	同朋大学社会福祉学部社会福祉学科　専任講師
雲津　英子（くもづ　えいこ）	吉備国際大学心理学部子ども発達教育学科　講師
桑名　惠子（くわな　けいこ）	千里金蘭大学生活科学部児童学科　教授
小島千恵子（こじま　ちえこ）	名古屋短期大学保育科　准教授
田中　卓也（たなか　たくや）	共栄大学教育学部　准教授
橋爪けい子（はしづめ　けいこ）	浜松学院大学短期大学部　講師
秀　真一郎（ひで　しんいちろう）	吉備国際大学心理学部子ども発達教育学科　専任講師
福井　晴子（ふくい　はるこ）	岡山短期大学幼児教育学科　教授
藤井伊津子（ふじい　いつこ）	吉備国際大学心理学部子ども発達教育学科　講師
溝手　恵里（みぞて　えり）	倉敷市立短期大学保育学科　教授
山西　加織（やまにし　かおり）	高崎健康福祉大学人間発達学部子ども教育学科　専任講師

本文内イラスト

峯山　由実（みねやま　ゆみ）
藤井　陽子（ふじい　ようこ）
伊藤　摩耶（いとう　まや）
立壁　茉希（たてかべ　まき）
横川　真子（よこがわ　まこ）
松岡　百合花（まつおか　ゆりか）

明日の保育・教育にいかす　子ども文化

平成29年3月10日　第二刷発行

編　者　田中卓也，藤井伊津子，橋爪けい子，小島千恵子
発行所　株式会社溪水社
　　　　広島市中区小町1-4（〒730-0041）
　　　　電話082-246-7909／FAX082-246-7876
　　　　e-mail: info@keisui.co.jp
　　　　URL: www.keisui.co.jp

ISBN978-4-86327-284-2　C1037